천 개의 별이 쏟아지다

千字文

천 자 문

서문(序文)

천지(天地)의 이치와 사람의 지혜

천자문(千字文)은 무엇인가?

천자문(千字文)이 서로 다른 천 개의 글자들을 모아 놓은 사자성어로써, 글자에 대해 훈(訓, 뜻)과 음(音, 발음)으로 낱글자들을 단순하게 익히고 글귀를 해석하는 것이라고만 여겼다면, 좀 더 깊이 있게 생각해야 할 것이다.

천자문(千字文)은 중복되지 않는 글자로 되어 있어서, 한자(漢字)를 익히는 초학자(初學者)들을 위한 한자학습(漢字學習)의 교재(教材)로 한자문화권(漢子文化圈)에서 널리 쓰였다.

그러나 천자문(千字文)의 내용이 대부분 인용된 것으로 다양하고 함축적인 의미를 담고 있어서, 이 글의 철학적 사고나 역사적 사건들을 이해하기 위해서는 고전(古典)에 대한 상당한 지식을 요구하기도 하고, 쓰여진 글자들도 일상적인 한문 교육용 기초 한자(漢字)와는 거리가 있기 때문에, 예전부터 어린이들의 한자학습을 위한 기초 교재로의 쓰임에서 한계가 있었다.

천자문(千字文)은 완독(完讀)하기에 상당히 어려운 책으로, 우주철학과 중국의 문명사를 반짝이는 천 개의 별로 수놓은 인문종합교양의 서사시(敍事詩)로써 뛰어난 문학작품인 것이다.

천자문(千字文)은 누가 지었는가?

중국 양(梁)나라의 무제(武帝, 在位 A.D 502~549)가 왕자들에게 가르치기 위한 문장을 은철석(殷鐵石)에게 위(魏)나라 종요(鍾繇 A.D 151~230)와 왕희지(王羲之)의 글씨로 탁본하게 하였는데 주흥사(周興詞 A.D 470~521)가 이것을 편집하였다거나, 주흥사(周興詞)가 무제(武帝)에게 노여움을 사서 이것을 용서받는 조건으로 하룻밤 사이에 지었는데, 온 힘을 다하였기 때문에 머리가 하얗게 세어졌다고 하여 백수문(白首文)이라고도 알려져 있다.

그러나 살펴보건대, 당(唐)나라 때 경전(經典)에 얽힌 구전(口傳)과 속설(俗說)을 기록한 이작(李綽)의 상서고실(尚書故實)에 근거하여 주흥사(周興詞)가 저자로 널리 인정되고 있는데, 본문에 두고종예(61, 杜藁鍾隷)라고 하여 동진(東晉) 시기에 최고의 서예가인 왕희지(王羲之)가 아니라 자신의 이름을 문장 속에 넣어 놓으면서, 위(魏)나라 조조(曹操)의 재상으로 삼공(三公)의 고위 관료를 지낸 자신의 인생역정과, 시대적 배경을 서술한 것으로 추정하여 종요(鍾繇)를 저자로 보는 학설도 있다. 그러나 백제의 왕인박사가 천자문(千字文)과 논어(論語) 등을 일본에 전했다는 시기가 A.D 285년이므로 주흥사의 생존시기와 차이가 나고, 종요(鍾繇)보다 후세인 죽림칠현의 혜강(嵇康, A.D 223~262)과 완적(阮嘯 A.D 210~263)이 나오는 것을 보면(115, 嵇琴阮嘯) 현재의 천자문(千字文)을 종요(鍾繇)가 저술했다고 보기 어렵다.

본문에 태욕근치 임고행즉(90, 殆辱近恥 林皋幸卽)이나 유곤독운 능마강소(98, 遊鵾獨運 凌摩絳霄)라는 도가적(道家的) 문장이 있는 것으로 본다면, 자연무위(自然無爲)를 지향하고자하였던 도가(道家)의 어떤 이들이 지은 몇 가지의 천자문(千字文)이, 종요(鍾繇)·주흥사(周興詞) 등에 의하여 편집되어서 오늘에 이른 것이리라 추론해 본다.

서체로는 조선 선조 때에 한호(韓濩, 號 : 石峯)가 쓴 천자문(千字文)과, 해설서로는 영조 때에 홍성원(洪聖源)이 주석(註釋)을 붙인 주해천자문(註解千字文)이 우리나라의 대표적인 천자문(千字文)으로 널리 통용되었다.

천자문(千字文)은 어떻게 구성되었는가?

시경(詩經)의 대부분 형식인 사언절구(四言絶句)를 취하고 있으며, 하나의 구절이 네 글자로써 총 250구절이며 천 개의 서로 다른 글자로 이루어져 있는데, 첫 번째 구절과 두 번째 구절이 서로 대구(對句)가 되어 있다.

하나의 문장은 두 구절의 여덟 글자나 네 구절의 열여섯 글자 등으로 이루어지는데, 어느 부분에서는 전체적인 맥락에 따라 여러 구절을 묶어서 보아야 이해도가 더욱 높아진다.

일정한 운(韻)을 두어 받침이 「ㅇ」 이나 「ㄱ」 이거나 받침이 없는 운(韻)으로 구성되어 있다.

천자문(千字文)을 어떻게 보아야 하는가?

　　고전을 이해하려면 현실적인 어려움이 많다. 해설서나 번역서는 많으나 논리적으로 합리성을 갖춘 것을 찾는 것 자체가 혼란스럽기 때문이다. 문장의 본래 의미와 차이가 있는 해석을 하거나, 과시하듯 너무 추론적이거나 심오하고 확장된 개념들을 덧 붙여서 더욱 어렵게 되어 버렸다.

　　한자(漢字)가 사물(事物)의 형상을 본뜨거나 그것에 관련 있는 이치나 관념을 나타낸 상형문자(象形文字)를 근간으로 하고 있으니, 쓰여진 글자의 구성원리를 좇는 것은 의미가 있겠으나, 천자문(千字文)에 역경(易經)의 어느 글귀를 인용하였다고 하여서 천자문(千字文)이 역경(易經)의 이치를 모두 담았다고 할 수 있겠는가!

　　천자문(千字文)을 낮추어 평가하는 것이 아니지만 역경(易經)인양 시경(詩經)인양, 번역이나 해설에서 너무 확대하여 여러 가지를 덧붙이거나, 낱 글자의 설명에 치중하는 것은 주체에 대한 혼란만 있을 뿐이다.

　　천개의 글자를 조합하여 드러내고자하였던 의미를 담백하게 엿보는 것이 천자문(千字文)으로써의 본질적인 이해일 것이다.

　　이에 천자문(千字文)을 어수선하게 확대하지 않고 근본적인 의미를 찾아서, 단순 명료하게 천자문(千字文)을 설명하고자 하였다.

慶州金門 鷄林君派 23代　　　鎭平

配 載寧李門 晋州判官公派 18代　銀慶

차 례

서문(序文)

제2장 대륙의 모습

제3장 치세(治世)의 길

제4장 삶의 여정

第5장 뛰어난 사람들

第6장 기다림

附錄 韓石峯體 千字文

千字文(천자문)

제1장 만물의 근원(根源) : 천(天)·지(地)·인(人)

오늘날 물질의 최소 단위인 원자에서 양성자(＋)와 전자(－)가 있다고 하듯이, 동양철학에서는 세상에 존재하는 모든 만물과 현상에는 음(陰)과 양(陽)의 기운이 서로 작용하는 음양(陰陽)의 이치(理致)에 의한 것으로 보았는데, 음(陰)의 대표적인 것은 땅이고 양(陽)의 대표적인 것은 하늘이며, 여기에 하늘과 땅 사이에 지극한 존재로서 인간의 역할을 더하여 천지인(天地人)을 만물의 근원으로 보았다.

하늘(天)·땅(地)·인간(人)의 존재에 대하여, 해와 달과 별자리의 운행, 사계절의 변화, 책력(冊曆)을 통해서 천도(天道)를 이해하고, 자연현상으로 지도(地道)를 살피며, 성인(聖人)의 도(道)로써 사람의 도(人道)를 드러낸다.

天地玄黃 宇宙洪荒

천 지 현 황   우 주 홍 황

하늘의 이치는 심오하고 땅은 만물의 바탕이며, 사람이 사는 세상은 넓고 역사(歷史)는 매우 거칠다.

天 하늘천   地 땅지   玄 심오할현   黃 누를황
　　　　　　　　　　　　　검을 현

宇 집우   宙 집주   洪 넓을홍   荒 거칠황

【해설】

　만물의 모든 이치가 하늘(天)·땅(地)·인간(人)에서 비롯한다는 것을 첫 머리에서 드러낸다.

　천자문(千字文) 전체의 철학적 의미를 담고 있어 이 구절의 해석은 난해한 구절로 많은 해설들이 있으나 명확하고 합리적인 것을 찾기 어렵다. 주역(周易)의 괘(卦)가 어떻고 효(爻)가 어떻고 하지만 더욱 어수선하고 이해하기 어려울 뿐이다.

　선인(先人)들은 우주 만물의 근원을 태극(太極)이라고 하고, 이것으로부터 이 세상에 존재하는 만물은 음(陰)과 양(陽)의 조화에 의해 생겨나서 자라고 소멸한다고 생각해왔다. 하늘(天)과 땅(地)은 음양(陰陽)의 대표이다. 음(陰)이라는 글자는 언덕(丘)과 구름(雲)의 상형(象形)을 포함하고 있는 땅이며, 양(陽)이라는 글자는 모든 빛의 원천인 하늘을 상징하고 있는 것이다.
　하늘(天)과 땅(地), 음양(陰陽)의 오묘한 기운으로 만물이 생겨나고 사람이 존재하게 되어 하늘과 땅은 인간에 의해서 만물의 조화를 이루고, 인간이 사회적인 도덕의 주체에서 더 나아가 하늘(天)과 땅(地)과 함께 창조의 주체가 되는, 인간 중심인 천지인(天地人)의 삼재론(三才論)이 형성된 것이다.

삼재(三才)는 동양철학에서 우주만물의 근원이며 변화작용의 원천적인 요소로 인식하는 천(天)·지(地)·인(人) 세 가지이다. 만물을 창조하는 양(陽)의 기운인 하늘(天)과, 그 하늘의 조화를 품어서 길러주는 바탕으로 음(陰)의 기운인 땅(地)을 주체적 존재로 보고, 하늘과 땅 사이에 지극한 존재로서 인간의 역할을 더하여 천지인(天地人)을 만물의 근원으로 보는 것이다.

우리의 한글 창제에 ·(천)·一(지)·ㅣ(인)으로 모음에 적용된 개념이다.

〈음양오행설(陰陽五行說)〉

음양오행설(陰陽五行說)은 오늘날 물질의 최소 단위인 원자가 양성자(＋)와 전자(－) 등으로 이루어졌다고 하듯이, 동양철학에서는 세상에 존재하는 모든 만물과 현상은 정하여진 규칙과 순서에 따라서 순환하여 반복하며, 진화하고 발전하는 것으로 음(陰)과 양(陽)의 기운에 의해 대립, 또는 상호작용하는 음양(陰陽)의 이치에 의한 것으로 보았는데 이것이 음양설(陰陽說)이며, 그 음양(陰陽)의 기운과 운동성에 따라 다시 파생된 오행(五行) 즉, 모든 현상과 만물의 생성·성장·소멸을 목(木)·화(火)·토(土)·금(金)·수(水)의 다섯 가지 기운이 대립 또는 상호작용하는 것으로 해석하는 것이 음양오행설(陰陽五行說)이다.

음(陰)과 양(陽)의 기운이 오행(五行)인 목(木)·화(火)·토(土)·금(金)·수(水)의 작용으로 서로 어울려 상생(相生 : 자연의 질서에 순응하면서 서로 도와주는 것)하기도 하고 대립하여 상극(相剋 : 한쪽이 일방적으로 파괴하는 것), 상충(相沖 : 서로 충돌하는 것)이 되기도 하는 이치를 궁구하는 것으로, 전국시대(戰國時代)에 관념화되기 시작하여 고전의 유학사상에 상당한 영향을 주었다. 이러한 음양이론을 거친 송대(宋代)의 성리학이 조선시대의 지배사상으로 되어서, 오늘날 까지 음양오행(陰陽五行)은 자연과 인간의 모든 존재와 현상 속에 깊숙이 자리 잡았으며, 여러 신앙과 풍수지리 등의 근간이 되기도 한다.

모든 사물에는 음양(陰陽)의 측면이 있고 오행(五行)의 성질이 모두 들어 있다. 어떤 사물이 양의 성질을 지녔다든가 음의 성질을 지녔다든가 하는 것은, 실은 어떤 사물에 있어서 음(陰) 혹은 양(陽)의 측면이 도드라지게 드러나 보이는 것일 뿐 음양(陰陽)의 두 측면을 모두 갖고 있는 것이다. 또한 음양(陰陽)은 확정되어서 절대적으로 고정되었다는 개념이 아니라, 마주 하는 대상과 함께 어우러져서 상호작용을 하며 상대적인 개념인 것이다.

태극(太極)의 움직임으로부터 천지만물이 비롯하는데 태극이 움직이면(動) 양(陽)이 생긴다. 움직임이 극한에 이르면 고요하고(靜) 고요하면 음(陰)이 생긴다. 고요함이 극한에 이르면 다시 움직인다. 한번 움직이고 한번 고요함이 서로 그 뿌리가 되어서, 음으로 나뉘고 양으로 나뉘어 음양(陰陽)의 두 모습이 성립하게 된다. 이 음과 양은 만물이 생겨나는 실마리이며 모든 변화의 기본요소이다.

오행(五行)은 음양(陰陽)에서, 음양은 태극(太極)에서 나온 것이므로 근원을 거슬러 올라가면 오행은 하나의 음양이고, 음양은 하나의 태극이다.

○ 음양(陰陽)은 주역(周易) 계사 상전(繫辭上傳 5章)에 있다.

한 번 음(陰)하고 한 번 양(陽) 함을 도(道)라 부른다. 계속하여 이어지게 하는 것이 선(善)이요, [선으로써] 이루는 것이 본성이다.

→ 一陰一陽之謂道이니 繼之者善也이오 成之者性也니라.

한 번 음(陰)하고 한 번 양(陽)한다는 것은 도(道)의 작용에 의한 변화이다. 음(陰)과 양(陽)이 순환작용을 계속하고 꾸준히 이어지는 상태를 계(繼)라고 한다. 작용들이 끊기거나 중단 없이 꾸준히 이어지는 계(繼)의 상태가 정당하고 올바르게 이어지는 것이 선(善)이며, 선(善)이 발현되어 현상으로 완성된 모습이 성(性 : 本性)이다.

○ 태극(太極)의 음양(陰陽)은 주역(周易) 계사 상전(繫辭上傳 11章)에 있다.

태극(太極)이 있으니 이것이 양의(兩儀 : 陰陽, 元氣)를 낳는다.

→ 易有太極이니 是生兩儀니라.

天地玄黃(천지현황)

　　대부분의 해석에서 천지현황(天地玄黃)은 주역(周易)의 천현이지황(天玄而地黃)에서 유래하여, 하늘은 검고(玄) 땅은 누르다(黃)라고 하면서 여러 의미를 덧 붙여 서술하지만, 검은색과 황색의 색깔로 직역(直譯)하는 것에서 벗어나지 못하여 현황(玄黃)의 의미를 설명하기에 설득력 부족하다.

　　하늘은 끝이 없이 멀어서 가물가물하게 보이니 검다고 하고, 헤아릴 수 없이 심오하고 경계를 지을 수 없어서 검다고도 하고, 심지어 밤하늘의 색깔이라고 까지 억지스럽게 풀이한다.

　　황(黃)에 대해서는 흙의 색깔을 표현한 것이라는 설명으로만 그치는데 어찌 흙의 색이 누렇기만 한가! 때문에 많은 사람들은 현실의 색과 다르게 서술했다고 불신한다.

　　현황(玄黃)은 관념적인 색으로, 하늘(天)과 땅(地)을 음양(陰陽)의 이치로써 인식하는 음양설(陰陽五行說)에 의거하여, 오행(五行)의 색깔인 오방색(五方色)으로 나타낸 것이다.

　　주역(周易) 곤괘(坤卦)의 주(註)에서도 나누어서 정해진 것이라고 하였으니 나누어서 색깔을 정하고 의미를 덧붙인 것이다.

○ 무릇 현황(玄黃)이라는 것은 천지(天地)를 꾸며서 표현한 것이니 하늘은 심오하고 땅은 만물의 바탕이 되느니라.

　→ 夫玄黃者는 天地之雜也니 天玄而地黃하니라. (周易 重地坤卦)

　　(다른 해석) 무릇 현황(玄黃)이라는 것은 천지의 꾸밈이니 하늘은 검고 땅은 누르니라.

주) 그 기색이 검고 누르다고 말하는 것은 하늘과 땅의 드러나는 기운(氣色)을 꾸며서 표현한 것이다. 그러나 하늘이 검고 땅이 누른 것은(표현된 것은) 알지 못한다. 둘 사이에 정해진 몫이다.

　→ 註) 曰其色玄黃은 卽天地之色雜矣라 而不知天玄地黃者라 兩間之定分也니라

　　(다른 해석) 그 색이 검고 누르다고 말하는 것은 하늘과 땅의 색으로 꾸민 것이다. 그러나 하늘이 검고 땅이 누른 것은 알지 못

한다. 둘 사이에 정해진 몫이다.

○ 역(易)에 이르기를 하늘은 검고 땅은 누렇다 하였으니 하늘은 위에서 덮고 있는데 그 드러나는 기운(氣色)은 심오하고, 땅은 아래에서 싣고 있는데 그 드러나는 기운(氣色)은 만물의 바탕이 되는 것이다.

→ 易曰 天玄而地黃이라 하니 天覆於上하여 而其色玄하고 地載於下하여 而其色黃也라. (周易 坤卦 文言傳)

(다른 해석) 역(易)에 이르기를 하늘은 검고 땅은 누렇다 하였으니 하늘은 위에서 덮고 있는데 그 색이 검고, 땅은 아래에서 싣고 있는데 그 색깔이 누렇다.

검은색은 흑(黑)과 현(玄)의 두 가지로 구분되어서, 흑(黑)은 물리적인 것으로 현실적인 색이고 현(玄)은 관념적인 것으로 추상적인 색이다. 여기서 표현하고자 하는 것은 하늘(天)과 땅(地)의 이치이지 현실에서 보여지는 색깔이 아닌 것이다.

하늘의 이치는 아득히 멀고 깊어서 헤아릴 수 없이 심오하고 오묘하여 현(玄)하다고 표현한 것이다. 건물의 주된 입구로 사용하는 문을 우리는 현관(玄關)이라고 하는데, 종교적으로는 깊고 오묘한 이치(理致, 道)에 들어가는 관문(關門)을 또한 현관(玄關)이라고 한다.

땅의 이치는 오행(五行)의 중심으로 만물의 근본 바탕이 되어서 품어주며, 인간에게 매우 구체적이고 현실적으로 가깝게 존재하는 것이다. 중국에서는 당나라 이후에 천하 나라와 백성의 중심이며 가장 존귀하게 여기는 황제의 색깔로 황색을 사용하였고, 우리나라도 고려 말 이후 조선에 이르기까지 왕실의 상징으로 사용한 까닭에 일반인들은 황색의 사용이 제한되었다.

천자문(千字文)을 지은이는 하늘(天)과 땅(地)을 가시적인 색깔로 표현한 것이 아니라, 절대적 존재로서 헤아릴 수 없는 심오함과 만물의 바탕이 되는 천지(天地)의 이치에 대하여, 관념적인 현황(玄黃)의 색으로 표현하여서 대변 하고자 한 것이다.

〈오방색(五方色)〉

인간은 빛(색)을 통해 물질의 존재를 감지하고, 색을 통하여 물질의 존재를 드러내기도 한다. 이에 어떤 존재나 형상에 대해 철학적(관념적)으로 색을 부여하기도 하며, 어떤 색에 일정한 철학적(관념적) 의미를 부여하기도 한 것인데, 시대·지역·종교 등에 따라 다르게 인식되기도 하지만 상징으로써 넓고 밀접하게 형성되어 있다.

오방색(五方色)은 오행설(五行說)에 따라 관념적으로 의미를 삼아서, 오행설(五行說)의 5요소에 색을 부여한 것으로 현실의 색이 아닌 것이다.

오행설(五行說)의 기본 5요소인 목(木)은 청색, 화(火)는 적색, 토(土)는 황색, 금(金)은 흰색, 수(水)는 흑색으로 구분하였다. 진(秦)나라 이래 우주의 사물을 다섯 가지 색깔로 나누는 것이 더욱 확장되어 사계(四季)의 순서나 공간적인 방위(方位)·신체의 기관·현상(氣)·냄새·맛 등에 모두 적용하였다.

○ 방위에서는 동쪽은 청색, 서쪽은 흰색, 남쪽은 적색, 북쪽은 흑색, 가운데는 황색이다.
○ 계절에서는 봄은 청색, 가을은 흰색, 여름은 적색, 겨울은 흑색이다.
○ 하늘은 검은(흑)색, 땅은 황색이다.

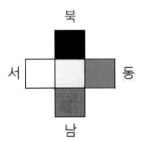

청색(靑) － 동쪽(東) － 나무(木) － 인(仁) － 봄
백색(白) － 서쪽(西) － 쇠(金) － 의(義) － 가을
적색(赤) － 남쪽(南) － 불(火) － 예(禮) － 여름
흑색(黑) － 북쪽(北) － 물(水) － 지(智) － 겨울
황색(黃) － 중앙(中) － 흙(土) － 신(信)

宇宙洪荒(우주홍황)

우주(宇宙)는 사전적 의미로 무한(無限)한 시간(時間)과 만물을 포함하고 있는 끝이 없는 공간(空間)의 총체라고 한다. 현대의 과학적인 우주(Space, Universe)와는 다른 개념인 것이다.

우(宇)는 인간이 존재하는 상하(上下)와 동서남북(東西南北)의 공간(空間)이며, 주(宙)는 인간의 역사인 과거·현재·미래를 말하는 시간(時間)이다. 시간(時間)은 공간(空間)의 변화인 것으로 사람(人)에 대한 것이다. 사람은 시간(時間)과 공간(空間) 안에서 생각하고 행동한다.

홍황(洪荒)은 인간이 존재하는 세상(공간 空間)은 넓고, 인간의 역사적 자취(시간 時間)는 수많은 형태의 흥망성쇠(興亡盛衰)가 있는 매우 거친 흐름이라는 것이다.

존재하는 공간의 개념에서 24방위가 나오고 유동적인 흐름인 시간의 개념에서 24절기를 설정하였다.

○ 세상의 변화를 설명하는 인간의 삶의 흐름을 공간(宇)과 시간(宙)의 개념을 사용하였다.

사면팔방이 우(宇)이고, 예로부터 지금까지 가고 오는 것이 주(宙)이다.

→ 四面八方者 宇也요 古今往來者 宙也니라
　(春秋時代 文子 自然篇, 戰國時代 尸子 卷下)

예로부터 지금까지 가고 오는 것을 주(宙)라 하고, 동서남북(東西南北) 상하(上下)를 우(宇)라 한다.

→ 往來古今 謂之宙라 하고 四方上下 謂之宇라 (淮南子 齊俗訓)
→ 四方上下 曰宇라 하고 古往今來 曰宙라 (淮南子 原道訓 註)

다른 해석]

하늘은 검고 땅은 누르며 세상은 넓고 거칠다.

제1절 하늘(天)의 이치(理致)

음양(陰陽)의 오묘한 상호작용(相互作用)에 의해 일정하게 순환하는 절대적 존재인 하늘의 이치를 설명한다.

2	日月盈昃 辰宿列張

일 월 영 측   신 수 열 장

해와 달은 차고 기울며, 별자리는 넓게 펼쳐져 있다.

日 날 일	月 달 월	盈 찰 영	昃 기울 측
辰 별 신(진)	宿 별자리 수 잘 숙	列 벌릴 열	張 넓힐 장 베풀 장

【해설】

삼라만상(森羅萬象)의 근본 원리는 가득 차게 되면 반드시 점점 비워지는 변화와 순환의 도(道)이며, 별자리가 넓게 벌려져 있다는 것은 질서있게 정렬하여 제 자리에 있게 되어 차례가 확립되어진 것이다.

※ 홍성원주해(洪聖源註解)
　○ 주역(周易 豊卦)에 말하기를, '해는 중천에 뜨면 기울고 달은 차면 이지러진다. 해는 하루 동안 중천에 떴다가 기울고 달은 한 달 동안 찼다가 이지러져서, 이리저리 왔다 갔다 하는 것이 고리와 같이 끝이 없다.'고 하였다.

　→ 易曰 日中則昃이요 月盈則虧라 하니 日一日之內에 中而徐하고 月一月之內에 盈而虧하여 經緯錯綜이 如環無端이라.

○ 하늘이 운행하는 도수(度數 : 별자리가 운행한 거리)를 12개의
자리로(次, 자리) 나누면 이것이 신(辰)이 되고, 해와 달이 만나
는 곳을 나누어 28개의 자리로 삼는데, 그 자리(위치)에 해당하
는 28개의 별자리가 둥글게 차례로(列 차례) 운행하면서 나뉘어
펼쳐진 것이다. (수는 28개의 별자리를 따른 것)

→ 周天之度를 分爲十二次하면 是爲辰이요 而日月會를 分爲二十
八次하여 而二十八宿行環列而分張也라. (宿者는 從二十八宿也)

태극(太極)에서 음(陰)과 양(陽)의 기운으로 생성과 소멸이 이루지고, 이
생성과 소멸의 과정이 오행(五行)인 목(木)·화(火)·토(土)·금(金)·수
(水)의 작용으로 이루어진다는 음양오행설(陰陽五行說)의 예시적 설명의
하나이다.

신(辰)은 천간(天干)의 경우에만 별 진으로 읽고 그 외에는 모두 별 신
으로 읽는다.

3 寒來暑往 秋收冬藏
한 래 서 왕 추 수 동 장

추위가 오면 더위가 가고, 가을에는 거두고 겨울에는 저장한다.

| 寒 찰한 | 來 올래 | 暑 더울서 | 往 갈왕 |
| 秋 가을추 | 收 거둘수 | 冬 겨울동 | 藏 감출장 |

【해설】

사계절이 바뀌어가며 음양(陰陽)의 두 기운이 흘러가고 만물의 탄생·성장·거둠·갈무리함은 거스를 수 없는 자연의 이치이다.

추위가 가면 더위가 오고 더위가 하면 추위가 와서 추위와 더위가 서로 밀쳐서 한 해를 이룬다.

→ 寒往則暑來하고 暑往則寒來하여 寒暑相推而歲成焉이라

: 주역 계사전(周易 繫辭傳)

무릇 봄에는 소생하고 여름에는 성장하고 가을에는 거둬들이고 겨울에는 저장하니 이것이 천도의 큰 법칙이다.

→ 夫春生하고 夏長하며 秋收하고 冬藏하니 此天道之大經也니라

: 사마천의 사기(司馬遷 史記) 태사공자서(太史公自敍)

閏餘成歲 律呂調陽

윤 여 성 세　율 려 조 양

윤달(閏餘)로써 한 해가 이루어지고, 홀수 달(律, 율)과 짝수 달(呂, 여)로 음양(陰陽, 節氣)을 조화롭게 하였다.

閏 윤달 윤	餘 남을 여	成 이룰 성	歲 해 세
律 법률 률(율)	呂 법칙 려(여)	調 고를 조	陽 볕 양

【해설】

윤여(閏餘)는 윤달을 말하는 것으로, 사계절의 변화인 24절기(태양의 위치에 따른 계절의 변화)와 1년(태음력)의 일수가 같지 않아 29일의 여분(차이)이 생기기 때문에 32개월에 1달(閏餘, 윤달)을 두어 24절기와 1년을 맞추어 놓은 것이다. (한 해를 완성한 것이다.)

○ 음양(陰陽)에 의한 사계절의 변화를 역법으로 나타낸 것이 달력인데, 1년의 24절기는(태양력 기준) 맞게 반영하지만 달(태음력 기준)은 12개월로써 미치지 못하고 여분(차이)이 생긴다.

○ 달의 주기로 한 달을 정하는데 정수가 아니므로(29.530589일) 작은달(29일)과 큰달(30일)을 정하였는데, 이것이 24절기와 일치 되지 않는다. 때문에 19년에 일곱 개의 윤달을 정하여 2~3년에 한 달의 윤달을 두어서 일치시키는 것이다.

→ 1년에 11.25일의 차이가 발생한 것을 조정하는 것이다.
(태양력 365.25일 - 태음력 354일 = 11.25일)
태음력은 32개월에 29일의 여분(차이)으로 윤달을 두어서 1년을 이루고, 태양력은 4년에 1일의 윤일을 두어서 1년을 완성한다.

율(律)과 여(呂)는 서양 음악에서 음계(音階)와 비슷한 것으로, 음(陰)의 성질 음(音)인 6률(六律)과 양(陽)의 성질 음(音)인 육려(六呂)로 구분하여 12律이 있는데, 율여조양(律呂調陽)을 음악이 율(律)과 여(呂)로 음양의 조화를 이루었다고 풀이하기도 하지만, 대자연의 이치를 거론하는 앞뒤의 문맥과 맞지 않는다.

　　여섯 개의 홀수(律) 달과 여섯 개의 짝수(呂) 달로 번갈아 설정하여서 음양인 절기(節氣)의 조화를 꾀한 것이다.

　　○ 음양(陰陽)에서 음(陰)은 생략 된 문장이다.

다른 해석]

　　윤달의 여분으로(閏餘) 한해를 완성하고 율(律)과 여(呂)로 음악의 조화를 이룬다.

| 5 | 雲騰致雨 露結爲霜 |

운 등 치 우 로 결 위 상

구름이 올라가 비를 이루고, 이슬이 맺혀서 서리가 된다.

雲 구름 운	騰 오를 등	致 이룰 치	雨 비 우
露 이슬 로(노)	結 맺을 결	爲 할 위	霜 서리 상
		(되다. 하다.)	

【해설】

양기(陽氣)가 세차지면 흩어져서 비와 이슬이 되고, 음기(陰氣)가 이기게 되면 엉켜서 서리와 눈이 된다.

→ 陽氣勝則散爲雨露하고 陰氣勝則凝爲霜雪이라

: 강희자전(康熙字典) 대대례(大戴禮)

제2절 땅(地)의 이치(理致)

하늘이 부여한 기(氣)를 품어서 만물이 나고 자라게 하는 땅(地)의 이치(理致)를 설명한다.

6	金生麗水 玉出崑崗
	금 생 려 수 옥 출 곤 강

금(金)은 여수에서 나고 옥(玉)은 곤강에서 나온다.

金 쇠 금	生 날 생	麗 고울 려(여)	水 물 수
玉 구슬 옥	出 날 출	崑 뫼 곤	岡 뫼 강

【해설】

금(金, 黃金)은 강의 모래에서 채취하는 사금(沙金)이다.

여수(麗水)와 곤강(崑崗)은 땅의 이름(地名)이다.

7 劍號巨闕 珠稱夜光

검 호 거 궐 주 칭 야 광

칼은 거궐을 [으뜸으로] 부르고, 구슬은 야광을 [으뜸으로] 가리켜 말한다.

劍 칼 검	號 이름 호	巨 클 거	闕 대궐 궐
珠 구슬 주	稱 일컬을 칭	夜 밤 야	光 빛 광

【해설】

거궐(巨闕)은 보검의 이름으로 구야자(歐冶子, 越나라 명검 장인)가 주조한 것이다. 월왕(越王) 구천(句踐)이 오(吳)나라를 멸망시키고 보검 여섯 자루를 얻었는데, 오구(吳鉤), 담로(湛盧), 간장(干將), 막야(莫邪), 어장(魚腸), 거궐(巨闕)이다.

야광(夜光)은 구슬의 이름으로 전국시대(戰國時代)에 초(楚)나라 왕이 진귀하게 여겨 소중히 갈무리한 구슬이다. 춘추시대에 수(隨)나라 임금이 용의 아들을 살려주었는데, 용이 지름이 한 치가 넘는 진주를 주어 그 은혜에 보답하니, 그 진주가 빛이나서 밤에도 대낮같이 환하였다. 이것을 초(楚)나라 왕에게 바치자 초(楚)왕이 크게 기뻐하여 몇 대가 지나도록 수(隨)나라를 무력침공하지 않았다고 한다. → 수후지주(隨侯之珠)

《 6 + 7 》 金生麗水하고 玉出崑崗하니 劍號巨闕하고 珠稱夜光하니라

금(金)과 옥(玉)의 바탕을 잘 다듬으면 칼과 구슬로 유용하고 보배롭게 이루어 내는 것처럼, 사람의 심성과 재질을 잘 닦아서 좋게 발전시켜야 한다는 비유의 가르침일 것이다.

8 果珍李柰 菜重芥薑

과 진 이 내 　 채 중 개 강

　과일은 자두와 능금을 진귀하게 여기고, 야채는 겨자채와 생강을 소중히 여긴다.

果 실과 과	珍 보배 진	李 오얏 리(이)	柰 능금나무 내
			벗(버찌) 내
菜 나물 채	重 무거울 중	芥 겨자 개	薑 생강 강

【해설】

　인생에 비유하여 단맛과 매운맛의 대표적인 인용이라고도 하는데 조금 비약된 설명인 것 같고, 능금이나 자두(오얏)가 어떻게 진귀할 수 있느냐고 반문하고, 이(李)가 자두냐 오얏이냐 내(柰)가 능금이냐 사과냐 분별하려 하지만, 오늘날과 천자문 저술의 시대와 또는 지리적으로 다르게 불려지는 과일의 이름일 것이다. 다만 과일과 채소의 대표적인 표현인 것이다. 겨자는 향신료로 쓰이는 씨앗이 아니라 나물(菜)에 대응하여 채소로 쓰이는 푸성귀인 겨자채로 본다.

9	海鹹河淡　鱗潛羽翔

해　함　하　담　린　잠　우　상

바닷물은 짜고 하천의 물은 싱거우며, 비늘 있는 물고기는 물에 잠겨있고, 깃이 달린 새는 하늘을 난다.

海 바다 해	鹹 짤 함	河 물 하	淡 묽을 담 맑을 담
鱗 비늘 린	潛 잠길 잠	羽 깃 우	翔 날 상

【해설】

비늘 있는 짐승은 물에 잠기고, 깃털 있는 짐승은 공중으로 날아다니는데 모두 그들의 성품이다.

→ 鱗蟲潛於水하고 羽蟲飛於空하니 皆其性也니라 (禮記　蟲 ＝ 獸)

만물을 자연스러운 이치로 기르는 기운이 널리 퍼져서 위아래에 환하게 드러나니, 이렇게 이치의 작용이 아닌 것이 없다는 것을 밝힌 것이다.

제3절 사람(人)의 이치(理致)

시간적 흐름의(宙 주) 거친 역사(荒)에서 성인(聖人)으로 부터 사람(人)의 이치(理致)를 깨닫고, 지금의 주어진 현실(宇 우) 속에서 군자(君子)의 도(道)를 굳게 지켜서 실천하고자 한다.

예기(禮記)에서 군자란 많은 지식을 갖고 있으면서도 겸손하고, 선한 행동에 힘쓰면서 게으르지 않은 사람이라고 정의 하였다.

군자와 소인은 신분이나 남녀노소로 구별하는 것이 아닌 것이다. 군자는 지향하여 이루어야 할 보편적 가치(普遍的 價値)이며, 소인은 극복해야 할 치우친 욕심이다.

언제나 선한 도덕적 가치를 지키고 끊임없이 노력하며, 추구해야 하는 인격의 완성체인 것이다.

---

10 **龍師火帝 鳥官人皇**

용　사　화　제　　조　관　인　황

고대 중국의 제왕으로 용사(龍師 : 伏羲氏), 화제(火帝 : 神農氏), 조관(鳥官 : 少昊氏), 인황(人皇 : 黃帝 軒轅氏)이 있었다.

| 龍 | 용 용 | 師 | 스승 사 | 火 | 불 화 | 帝 | 임금 제 |
| 鳥 | 새 조 | 官 | 벼슬 관 | 人 | 사람 인 | 皇 | 임금 황 |

【해설】

중국의 고대사(古代史)에 의하면, 복희씨(伏羲氏) 시대에 용마(龍馬)가 등에 그림(河圖)을 지고서 황하로부터 나오는 상서로움이 있었으므로, 용의 이름으로 관직의 명칭을 삼았기 때문에 복희씨(伏羲氏)를 용사(龍師 : 관직명칭)라고 부르는 것이다.

신농씨(神農氏)는 불의 상서로움을 지니고 있었고 농사법을 가르쳤으며 익혀먹는 화식(火食)이 근원하였기 때문에 화제(火帝)라고 한다.

소호(少昊)가 즉위할 때에 봉황새가 이르렀다. 그러므로 새의 이름으로 관직의 명칭을 삼았으니 조관(鳥官)도 또한 관직의 명칭이다. 황제(黃帝)의 아들인데 운(韻)을 맞추기 위해 황제(黃帝)보다 앞에 위치하였다.

황제(黃帝)를 인황(人皇)이라 부르는 것은 이때부터 나라의 기틀이 이루어져서 천자(天子)의 개념이 성립되었고, 사람의 문화가 크게 갖추어졌기 때문이다.

중국의 고대 제왕으로 삼황오제(三皇五帝)를 나누어 칭하는 것에 여러 설이 있으나, 일반적으로 삼황(三皇)은 태호(太皞 : 伏羲氏), 염제(炎帝 : 神農氏), 황제(黃帝 : 軒轅氏)이고, 오제(五帝)는 소호(小昊), 전욱(顓頊), 제곡(帝嚳), 요(堯)임금, 순(舜)임금을 말한다.

11 始制文字 乃服衣裳

시 제 문 자 내 복 의 상

비로소 문자를 만들었고 또한 의상을 만들어 입었다.

始 비로소 시   制 지을 제   文 글월 문   字 글자 자
처음 시

乃 이에 내   服 입을 복   衣 옷 의   裳 치마 상
옷 복

【해설】

복희씨(伏羲氏)가 처음으로 서계(書契 : 부호로서의 글자)를 만들어서 노끈을 묶어서 표시하는 것을 대신했으며, 그의 신하인 창힐(倉頡)이 새의 발자국을 보고 글자를 창조하니, 이것이 글자 쓰기의 시초이다.

→ 정신적 문명화의 시작이다.

황제(黃帝 軒轅氏)가 갓과 옷을 만들어서 사람들이 보는 것을 엄숙하게 하고 신분의 등급을 구별하였으니, 이것이 일반적인 옷에서 사회적 격식을 갖춘 옷을 입는 시초이다.

→ 물질적 문명화의 시작이다.

《 10 + 11 》 龍師火帝하고 鳥官人皇하여 始制文字하고 乃服衣裳하니라

고대 중국의 제왕으로 용사(龍師 : 伏羲氏), 화제(火帝 : 神農氏), 조관(鳥官 : 少昊氏), 인황(人皇 : 黃帝 軒轅氏)은, 비로소 문자를 만들고 또한 사회적 격식을 갖춘 의상을 만들어 입음으로써 문명화가 시작되었다.

推位讓國 有虞陶唐

추 위 양 국 유 우 도 당

천자(天子)의 자리를 미루어서 나라를 양보한 것은 요(堯)임금의 도당(陶唐)과 순(舜)임금의 우(虞)나라이다.

推 밀 추   位 자리 위   讓 사양 양   國 나라 국
有 있을 유   虞 순임금 우   陶 질그릇 도   唐 나라이름 당

【해설】

설문해자(說文解字)에 요(堯)란 지극히 높다는 말이고 순(舜)이란 지극히 크다는 말이다. 요(堯)의 아들인 단주(丹朱)가 어질지 못하여 사위인 순(舜)에게 자리를 양보하였고, 순(舜)의 아들인 상균(商均)이 어질지 못하여 하(夏)나라 우(禹)에게 자리를 양보하였으니, 이것이 바로 천자의 자리를 물려줘서 나라를 양보했다는 선양(禪讓) 또는 선위(禪位)를 말하는데, 유가(儒家)에서 가장 이상적인 정치(政治)의 본보기로 추앙(推仰)한다.

→ 설문해자(說文解字) : 한자를 처음 만들어질 때의 뜻과 모양, 독음(讀音)에 대해 종합적으로 해설한 책(사전류)

요(堯)임금이 처음 도(陶)땅을 받았다가 뒤에 당(唐)땅에서 나라를 세웠으므로 요의 나라 이름을 도당(陶唐)이라고 부른다.

→ 요(堯)임금의 시대는 B.C 2,400년경으로 추정한다.

유(有)는 선양(禪讓 : 德이 있는 이에게 물려줌)의 경우에 한 글자의 나라이름 앞에 짝을 맞추기 위해 관용적으로 붙여서 썼으며, 무력으로 왕위가 바뀐 경우 성(成)을 붙여 썼으나 후대에는 구분이 없어졌다.

순(舜)임금의 우(虞)가 뒤인데 운(韻)을 맞추기 위해 도당(陶唐)보다 앞에 위치하였다.

弔民伐罪 周發殷湯
조 민 벌 죄 주 발 은 탕

백성들을 위로하고 임금의 죄를 물어 따져서 처벌한 이는 주
(周)나라 발왕(發, 周武王)과 은(殷)나라 탕(湯)왕이다.

弔	위로할 조	民	백성 민	伐	칠 벌	罪	허물 죄
周	나라 주	發	필 발	殷	나라 은	湯	끓을 탕
	두루 주						

【해설】

백성들을 구휼하고 위로하는 것이 조(弔)이고, 죄를 밝혀 따져서 그것
에 맞게 처벌하는 것이 벌(伐)이다

발(發)은 주(周)나라 무왕(武王)의 이름이고, 탕(湯)은 은왕(殷王)의 호
(號)이다. 하(夏)나라 우(禹)왕의 후손인 걸(桀)왕이 무도(無道)하므로 탕
(湯)왕이 정벌하고, 은(殷)나라 탕(湯)왕의 후손인 주(紂)왕이 무도하므로
무왕(武王)이 정벌하니, 이것이 바로 백성을 위로하고 죄지은 자를 토벌
한다는 것이다.

은(殷)나라는 상(商)나라를 멸망시킨 주(周)나라가 상(商)나라의 도읍지
이름인 은(殷)으로 상(商)나라를 낮추어 부르게 된 것이다.

坐朝問道 垂拱平章

좌 조 문 도 수 공 평 장

덕이 있는(有德) 군주는 조정에 앉아서 나라가 잘 다스려지는 바른 도리(治道)를 물으니, 옷을 드리우고 팔짱을 끼고 있어도 고르게 밝아졌다.

坐 앉을 좌	朝 아침 조	問 물을 문	道 길 도 말할 도
垂 드리울 수	拱 팔짱낄 공 마주잡을 공	平 평평할 평	章 밝을 장 글월 장

【해설】

임금이 조정에 앉아서(무력출동을 하지 않고) 인의(仁義)를 바탕으로 하는 왕도정치(王道政治)를 토론하며, 옷깃을 드리우고 팔짱을 끼고 여유롭게 있어도 모두가 고르게 밝게 다스려 진다는 것이다.

주무왕(周武王)이 주왕(紂王)을 평정하고 난 후, 여러 선정(善政)을 베풀어 민심을 안정시키고 나라의 기강을 일신 시킨 일을 칭송한 글인 서경(書經) 무성편(武成篇)에서, 옷을 드리우고 팔짱을 끼고 있어도 천하가 다스려졌다(垂拱而天下治)와, 요전편(堯典篇)의 백성들이 똑 같이 밝게 다스려지다(平章百姓)를 인용하였다.

백성들로 하여금 오륜(五倫)을 중히 여기게 하고, 먹는 것과 장사(葬事)지내는 것과 제사(祭祀) 모시는 일을 중히 여기게 하였다.

○ 믿음을 두텁게 하고 의(義)를 밝히며, 덕(德)을 높이고 공(功)있는 자에게 보상하니 팔짱을 끼고 있어도 천하가 다스려졌다.
(賢臣을 등용하여 맡기고서 직접 관여하지 않는다.)

→ 重民五敎하고 惟食喪祭하여 惇信明義하고 崇德報功하니 垂拱而天

下治니라 (書經 武成篇)

○ 능히 큰 덕을 밝히시어 9족을 친애하시니 9족이 화목하여지고, 백
  성을 고르게 다스리고 백성들이 덕을 매우 밝히며 온 나라를 화목
  하게 하시니, 아! 백성들이 변하여서 이에 화목하게 되었다.

  → 克明俊德하여 以親九族하시니 九族旣睦하고 平章百姓하고 百姓昭
    明하며 協和萬邦하시니 黎民於變時雍하니라 (書經 堯典篇)

치도(治道)는 바른 도(道)가 펼쳐져서 잘 다스려지는 것으로 백성들이
부유하고 안정되게 살 수 있도록 하는 방법이다.

평장(平章)은 공평(公平)하고 광명정대(光明正大)한 정치(政治)를 말한다.

15 愛育黎首 臣伏戎羌

애 육 려 수　신 복 융 강

백성을 사랑으로 기르니 주변국의 이민족들도 신하로 복종한다.

愛 사랑 애　育 기를 육　黎 검을 려　首 머리 수

臣 신하 신　伏 엎드릴 복　戎 오랑캐 융　羌 오랑캐 강

【해설】

애(愛)는 인(仁)이 드러나는 것이고, 육(育)은 가르치고 보듬어서 선(善)을 실천하게 하는 것이다.

려수(黎首)는 관(冠)을 쓰지 않은(벼슬하지 않은) 일반 백성으로 검수(黔首)라고도 한다.

왕도정치(王道政治)가 이루어져서 백성들이 편안하고 나라가 부강해지면, 주변의 이민족들에게도 영향을 미쳐 자연스럽게 감화되어 복속(服屬)하게 된다.

오랑캐는 한족(漢族) 이외의 변방 이민족을 모두 일컫는 중화(中華, 문명화된 천하의 중심) 우월주의의 관념이다.

16 遐邇壹體 率賓歸王

하 이 일 체 솔 빈 귀 왕

　멀고 가까운 나라를 한 몸체로 하니, 복종하여 따르게 되어 왕에게 돌아온다.

遐 멀 하	邇 가까울 이	壹 한 일	體 몸 체
率 따를 솔	賓 복종할 빈	歸 돌아갈 귀	王 임금 왕
거느릴 솔	손 빈		

【해설】

　군주가 왕도정치(王道政治, 德治)를 천하에 베풀어서, 자국의 백성과 변방의 이민족을 똑같이 대하여 덕화(德化)를 입게 한다면, 무리를 이끌고 와서 왕에게 귀의(歸依)한다는 것이다.

　빈(賓)은 군주의 덕에 감화되어 다른 제후국에서 옮겨오거나, 또는 군주에게 찾아와 벼슬하는 것으로 복종하는 것이고, 귀(歸)는 덕이 있는 군주에게 찾아와서 몸과 마음을 의지(依持, 依託)하는 것을 말한다.

　백성의 수효가 노동력과 군사력의 근간으로 매우 중요한 요소이다.

鳴鳳在樹 白駒食場

명 봉 재 수 백 구 식 장

[태평성대가 되어] 봉황이 지저귀며 나무에 있고 흰 망아지는 앞뜰(마당)에서 풀을 뜯는다.

鳴 울 명	鳳 새 봉	在 있을 재	樹 나무 수
白 흰 백	駒 망아지 구	食 먹을 식	場 마당 장
		밥 사	

【해설】

성인(聖人)의 치세(治世)로 태평성대(太平聖代)가 되고 현인(賢人)이 찾아와 머무는 나라의 평화로움을 상징한 것이다. 군주에게 도(道)가 있어서 온 누리가 태평성대에 이르게 되면 봉황이 찾아와서 운다. 봉황(鳳凰)은 성군(聖君)의 다스림이고, 백구(白駒)는 현인(賢人)의 등용을 의미한다.

→ 태평성대(太平聖代)는 어진 임금이 다스려서 백성들이 편안히 지내는 시대이다.

봉황(鳳凰)은 성인이 출현하면 세상에 자취를 나타낸다고 하는 상서로운 징조의 새로 봉(鳳)은 수컷이고 황(凰)은 암컷이다. 오동나무가 아니면 깃들지 않고(非梧桐不棲), 대나무 열매가 아니면 먹지 않고(非竹實不食), 예천(醴泉, 太平한 때에 단물이 솟는다는 샘)의 물이 아니면 마시지 않는다고(非醴泉不飮)하는데, 순(舜)임금이 음악을 연주하자 봉황이 날아와 춤을 추었고, 문왕(文王)의 탄생시에는 기산(岐山)에 봉황이 날아와 울었다고 한다.

시경 소아 백구장(詩經 小雅 白駒章)의 희디흰 망아지 우리 마당 새싹을 뜯고 있네!(皎皎白駒 食我場苗)에서 군주가 어진 분을 초빙하였으나 머물지 않고 사양할까 염려하며, 어진 분의 덕을 그리워하여 타고 온 흰 망아지를 묶어 놓고서 빗대어 탄미한 시(詩)에서 인용하였다.

化被草木 賴及萬方

화 피 초 목 뢰 급 만 방

교화(敎化)가 풀과 나무에도 미치었고, 다스리는 영향이(힘입는 것이) 사방의 모든 나라에 이르렀다.

化 화할 화	被 입을 피	草 풀 초	木 나무 목
賴 힘입을 뢰	及 미칠 급	萬 일만 만	方 방위 방
			모 방

【해설】

성인의 교화(敎化)가 초목에까지 입혀진다는 것은, 군주가 정치를 잘하면 그 덕화(德化)가 단지 그 나라 백성에게만 미치는 것이 아니라 초목금수(草木禽獸)에까지 이르게 되니, 그 덕화(德化)가 온 세상에 미치게 된다는 것이다.

교화(敎化)는 덕이 있는 군주가 가르치고 몸소 실천하여 이끌어서, 백성들이 바른 심성으로 바뀌어져 나아가게 하는 일이다.

무릇 바른 도리로써 사람 깨우치는 것을 가르침이라 하고, 위에서는 몸소 실행하고 아래에서는 비바람을 무릅쓰고 부지런히 힘쓰는 것을 교화라고 한다.

→ 凡以道業誨人謂之敎요 躬行于上하고 風勤于下謂之化라.
(增韻 송나라 때 한자의 주석서인 禮部韻略의 개정판)

교화(敎化)가 풀과 나무에까지 미친다면 왕의 덕이 있는 교화가 끝이 없음을 알 수 있다. 그 중화(中和)를 지극히 하여 비 오고 해 뜨는 것이 제때에 맞게 되면, 무지한 초목들도 어진 교화에 힘입게 된다.

→ 化被草木이면 則王之德化無窮을 可知也라. 極其中和하여 雨暘 時

若이면 則草木無知而霑被仁化라. (道德經)

《 17 + 18 》 鳴鳳在樹하고 白駒食場하니 化被草木하여 賴
及萬方하니라

　　성군(聖君)의 왕도정치(王道政治)에 현인(賢人)이 모여들어 태평성대가
되니, 성군(聖君)의 교화(敎化)가 풀과 나무에도 미치어서 다스림이 사방
의 모든 나라에 미치었다.

19	蓋此身髮　四大五常

개　　차　　신　　발　　　사　　대　　오　　상

이 몸과 터럭은 사대(四大)와 오상(五常)으로 되어있다.

| 蓋 | 대개 개
덮을 개 | 此 | 이 차 | 身 | 몸 신 | 髮 | 터럭 발 |
| 四 | 넉 사 | 大 | 큰 대 | 五 | 다섯 오 | 常 | 항상 상 |

【해설】

　　우리 몸(身髮)의 육체적 원천인 네가지의 커다란 줄기(四大)를 가장 소중히 하고 공경해야하며, 몸에 깃들어 있어 정신적으로 변하지 않아야하는 다섯가지의 도리(五常)를 힘써 닦아야 한다는 의미이다.

　　개(蓋)는 문장이 전환될 때에 구절의 첫머리에서 어감(語感)이나 어세(語勢)를 조절하는 어기사(語氣詞)로 쓰였다. 의미를 두지 않는다.

　　신발(身髮)은 신체발부(身體髮膚)의 준말로 우리의 몸을 말하며 효경(孝經)에서 인용하였다.

　　몸과 사지와 터럭 하나와 살갗까지 부모에게서 받은 것이니 감히 훼손하거나 다치지 않게 하는 것이 효의 시작이라 하니, 자식이 만일 부모께서 길러주신 은혜를 생각한다면 반드시 감히 몸을 훼상하지 못할 것이다.

　　→ 身體髮膚는 受之父母이니 不敢毁傷은 孝之始也라 하니 苟思父母 鞠養之恩하면 則其必不敢毁傷矣리라. (孝經)

　　사대(四大)를 유학이나 도교적 관점에서는 사람이 탄생하는 근원으로 하늘(天), 땅(地), 임금(君), 부모(親)로 보는데, 불교적 개념은 만물의 구성요소로 땅(地), 물(水), 불(火), 바람(風)으로 인식하여, 지(地)는 골육(骨肉)이 되고, 수(水)는 혈맥(血脈)이 되고, 화(火)는 따뜻한 기운이 되고, 풍

(風)은 감응하는 성품을 가리킨다.

→ 옛날에 자제들을 교육할 때 天地君親師를 새긴 패(牌)를 지녔다.

오상(五常)은 사람이 항상 일정하게 하여서 변치 않아야 하는 다섯 가지 품성(品性)으로 맹자(孟子)의 사단(四端)인 인(仁 : 惻隱之心), 의(義 : 羞惡之心), 예(禮 : 辭讓之心), 지(智 : 是非之心)에 동중서(董仲舒)가 신(信)의 덕목을 추가한 것이다.

맹자(孟子)의 사단(四端)
惻隱之心　불쌍히 여겨서 가슴아파하는 마음
羞惡之心　자신의 나쁜 점을 부끄러워하고 다른 사람의 나쁜 점
　　　　　을 미워하는 마음
恭敬之心　공경하는 마음을 갖고 그것이 공손한 태도로 나타나
　　　　　는 마음 (= 辭讓之心　공경하고 공손하여서 다른 사
　　　　　람에게 미루는 마음)
是非之心　옳고 그른 것을 가릴 수 있는 마음

인(仁)은 자애로워 사랑하는 어진 마음이고, 의(義)는 사람으로서 마땅한 바로써 행해야하는 일이고, 예(禮)는 사회의 질서유지를 위해 사람으로서 지켜야할 차례이며, 지(智)는 시비(是非)를 가리는 지혜이고, 신(信)은 진실하여 거짓이 없는 것이다. 이 다섯 가지 떳떳한 도리는 사람으로서 마땅히 갖추어 변하지 않아야할 상도(常道)이다.

사대(四大)와 오상(五常)은 인간이 짐승과 다르다는 것을 구체적으로 밝혀주는 실마리이다.

다른 해석]

사대(四大)를 팔과 다리의 사지를 말하고, 오상(五常)은 다섯 가지의 떳떳하게 하여야 할 것으로 모(貌 몸가짐), 언(言 말하는 것), 시(視 보는 것), 청(聽 듣는 것), 사(思 생각하는 것)라고 해석하기도 한다.

20 恭惟鞠養 豈敢毀傷

공 유 국 양 기 감 훼 상

길러주고 키워주심을 공손히 생각하여야 하니 어찌 감히 헐거나 다치게 할 수 있겠는가?

恭	공손할 공	惟	생각할 유	鞠	기를 국	養	기를 양
豈	어찌 기	敢	감히 감	毁	헐 훼	傷	상할 상

【해설】

부모님이 낳고 길러 주신 은혜를 공손히 생각하고, 내 몸과 바른 마음을 하나라도 손상시키지 말아야 한다는 것이다.

증자(曾子)가 병이 들자 제자들을 불러서 말씀하기를, '내 발과 손을 펴보아라. 시경(詩經)에서 조심조심하여 깊은 물속을 굽어보듯 엷은 얼음을 밟는 듯이라 했듯이, 오늘 이후에야 벗어나게 됨을 알겠구나, 애들아!'라고 하였으니,(論語 泰伯篇 第3章) 참으로 어버이께서 길러주신 은혜를 생각한다면, 어찌 함부로 헐거나 다치게 할 수 있겠는가?

→ 曾子 有疾하사 召門弟子曰 啓予足하며 啓予手하라. 詩云 戰戰兢兢하여 如臨深淵하며 如履薄氷이라 하니 而今而後에야 吾知免夫와라 小子야 하니 苟思父母鞠養之恩이면 則豈敢毁傷也아. (靑儂 丁基台 註解)

《 19 + 20 》 蓋此身髮은 四大五常이니 恭惟鞠養하여 豈敢毁傷하리오

이 몸과 터럭은 사대와 오상으로 되어있으니, 길러주고 키워주심을 공손히 생각하여 어찌 감히 헐거나 다치게 할 수 있겠는가?

女慕貞烈 男效才良

여 모 정 렬   남 효 재 량

여자는 지조가 곧고 굳센 사람을 사모하고, 남자는 재능이 있고 어진 사람을 본받는다.

女 여자 여(녀)   慕 사모할 모   貞 곧을 정   烈 굳셀 열(렬)
                                            매울 열

男 사내 남   效 본받을 효   才 재주 재   良 어질 량

【해설】

모(慕)는 사모(思慕)하는 것이니 기쁜 마음으로 이끌려서 매우 좋아하는 것이며, 정(貞)은 고요함이니 고요하고 안정되어 미혹함에 흔들리지 않는 것이고, 열(烈)은 마음이 굳세고 올바른 것을 말한다.

근사록(近思錄)에 본성은 하늘로부터 나오고 재주는 기운에서 나오니, 기운이 맑으면 재주가 맑고 기운이 흐리면 재주가 흐리다. 사내란 재주와 지혜가 뛰어나게 좋으며 배움과 앎이 널리 알아서 막힘이 없는 뒤에라야 몸을 세우며 이름을 드날릴 수 있다고 한다. 그러므로 이와 같이만 한다면 사람들이 반드시 본받으려 한다.

→ 近思錄에 性出於天하고 才出於氣하니 氣淸則才淸하고 氣濁則才濁
   이라. 男子는 則才智優良하고 學識博洽然後에 可以立身揚名이라.
   故로 有如此則人必效之也라. (靑儂 註解)

知過必改 得能莫忘

지 과 필 개   득 능 막 망

허물을 알게되면 반드시 고치고, 할 수 있는 힘(能力)을 얻으면 잊지 말라.

知 알 지	過 허물 과 지날 과	必 반드시 필	改 고칠 개
得 얻을 득	能 능할 능 (할 수 있다)	莫 말 막	忘 잊을 망

【해설】

서경(書經)의 대우모(大禹謨) 주(註)에 허물이란 알지 못해서(실수로) 잘못을 저지르는 일이라고 하였다.

→ 書 大禹謨 註에 過者는 不識而誤犯也라.

대우모(大禹謨)는 서경(書經)의 편명으로 우(禹)가 순(舜)임금의 신하로 있을 때 순(舜)임금에게 올린 계책(謨)을 기록한 것이다.

대우모(大禹謨), 고요모(皐陶謨), 익직(益稷)의 3모(三謨)가 있다.

우(禹)는 아버지 곤(鯤)이 실패한 치수(治水)에 성공하고 순(舜)임금의 제위를 계승하여, 하(夏) 왕조를 열었고 천자의 세습이 이때부터 시작되었다.

허물이 있으면 고치는 것을 두려워하여 꺼리지 말라.

→ 過則勿憚改 (論語 學而篇)

학문의 길은 마땅히 옛 것을 받아들여 새로운 것을 아는 것이니, 사람이 만일 한 능력이라도 터득하여 생각 생각마다 그것을 잊지 않는다면, 더욱 굳세어져서 놓치지 않게 될 것이니, 이런 점을 안다면 배움이 더욱 진보할 수 있는 것이다.

아버지(陽)에게 물려받은 것을 지(知)라고 하고 어머니(陰)에게 물려받은 것을 능(能)이라고 하며, 선천적(陽)으로 자연스럽게 받은 바를 지(知)라고 하고, 후천적(陰)으로 주변 환경이나 노력에 의해 이루어 얻어진 것을 능(能)이라고 한다. 사람의 정신적 작용은 지(知)에 해당하고 육체적 작용은 능(能)에 해당한다.

罔談彼短 靡恃己長

망 담 피 단 미 시 기 장

다른 사람의 단점을 말하지 말고, 자기의 장점을 믿지 말라.

罔 말망	談 이야기담	彼 저피	短 짧을단
靡 말미 스러질 미	恃 믿을시	己 몸기	長 길장

【해설】

　　스스로를 닦는 일에 서둘러 힘써야하니 남의 잘나고 못난 점을 따지지 않아야 하며, 남의 못난 점을 보면 자기의 못난 점처럼 살펴서 스스로 닦기를 힘쓸 뿐이다.

　　서경(書經)에서 스스로를 훌륭하게 여기는 그 때부터 훌륭함을 잃게 된다고 했으니, 항상 주의하여 살펴서 겸손함으로 지켜야 한다.

　　자신에게 장점(훌륭함)이 있다고 여기면 그 장점은 잃게 되고, 자신의 재능을 뽐내게 되면 그 공은 잃게 된다.

　　→ 有厥善이면　喪厥善하고　矜其能하면　喪其功이라 (書經 說命篇)

信使可覆 器欲難量

신 사 가 복 기 욕 난 량

약조(約條, 약속)는 실천 할 수 있게 해야 하고 기량(器量)은 헤아리기 어렵게 하라.

信 믿을 신   使 하여금 사   可 옳을 가   覆 실천할 복
                                          돌이킬 복
                                          덮을 부

器 그릇 기   欲 하고자할 욕   難 어려울 난   量 헤아릴 량

【해설】

유자(有子, 有若)는 약조(約條, 약속)한 말이 올바름에 가까우면 그 말을 실천할 수 있다고 하였으니, 약조(約條)한 것이 그 일의 마땅함에 들어맞는다면 그 말을 실천할 수 있다. (洪聖源 註解)

→ 유자(有子)가 말하였다. "약조(約條)한 말이 일의 이치에 합당하다면 (가까우면) 그 말을 실천할 수 있다."

有子曰　信近於義면 言可復也라 (論語 學而篇)

헤아리기 어려울 정도로 큰 그릇이나 혹은 그 쓰임이 정해져 있지 않는 그릇처럼, 사람됨과 학문 그리고 식견이 쉽게 헤아릴수 없을 만큼 넓고도 깊어야 된다는 것이다.

→ 군자(君子)는 그릇처럼 한정되어서는 안 된다.

君子不器 (論語 爲政篇)

신(信)은 약조한 말이나 신의(信義)·신용(信用)의 표시이며, 기량(器量)은 굳세고 꿋꿋한 정신과 생각으로 다른 사람이나 사물을 잘 포용할 수 있는 마음씨의 크기이다.

墨悲絲染 詩讚羔羊

묵 비 사 염   시 찬 고 양

묵적(墨翟)은 실이 물드는 것을 보고 슬퍼하였고, 시경(詩經)의 고양편(羔羊篇)에서는 고결한 대부를 찬미하였다.

墨 먹 묵   悲 슬퍼할 비   絲 실 사   染 물들일 염
詩 글 시   讚 기릴 찬   羔 염소 고   羊 양 양

【해설】

묵적(墨翟)은 전국시대의 송나라 사람으로 묵자전서(墨子全書)를 지었는데 유가(儒家)의 번잡한 예(禮)를 비판하였으며, 노동자와 소생산자들의 사회적·경제적 지위를 개선하려 유세(遊說)하였고, 배움과 교육의 중요성은 물론 실천의 중요성과 검소함을 숭상해야 한다고 강조하고, 다른 사람을 자신의 몸을 아끼듯 사랑하며 모든 사람이 평등하다는 겸애설(兼愛說)을 주장하였다.

물든 실을 보고 탄식하기를, '푸른 것에 물들면 푸르게 되고 누런 것에 물들면 누렇게 되니, 사람의 본성이란 본디부터 착하지만 버릇의 물들음에 이끌려 착하지 않게 되는 것이, 마치 실은 본디 흰 것이었는데 이제 검어지면 흰 것을 회복하지 못하는 것과 같다.'라고 하였다. (靑儂 註解)

→ 見染絲而歎曰　染於蒼則蒼하고　染於黃則黃하니　謂人性本善이나
　誘於習染而不善이　如絲本白而今黑이면　不可復白也라 하다.

※ 兼愛說 : 자기를 사랑하듯이 남을 사랑하고, 자기 나라를 사랑하듯이 다른 나라를 사랑하면, 천하가 태평하고 백성이 번영한다고 하여, 가깝고 먼 것의 구별보다는 자기 아버지를 사랑하는 것과 같이 만인을 사랑하라고 주장하였기 때문에, 맹자(孟子)로부터 구분이 없으니 자신의 아버지나 임금을 무시하는 것이라고 비난받았다.

고양(羔羊)은 시경(詩經)에서 소남(召南)에 나오는 고양편(羔羊篇)으로, 소남이라는 남쪽의 제후국이(대부가) 주(周)나라 문왕(文王)의 정치에 교화되어 벼슬하는 사람들이 모두 절약하고 검소하며 정직하게 된 것을 찬미한 것이다. (洪聖源 註解)

→ 羔羊은 詩召南篇名이니 美南國大夫被文王化而節儉正直이라

※ 고양(羔羊)은 염소인데, 고대 중국에서는 벼슬아치들이 염소의 가죽으로 옷을 만들어 의복으로 삼았기 때문에 벼슬아치를 상징한다. 이 나라 관리들이 입었던 갖옷은, 가죽과 가죽을 잇대고 꿰매는 옷 솔기를 보기 좋게 꾸미기 위하여, 흰 실을 꼬아 그 위에 대고 꿰맨 것으로 갖옷은 당시에 검소한 옷의 종류이다. 고양(羔羊)이란 시(詩)는 이런 검소한 옷을 입고 유유하게 퇴근하는 소남(召南)의 관리들 모습을 노래하였다.

묵자(墨子)는 환경과 조건에 따라 변해서 돌아올 수 없음을 슬퍼하고, 사람의 습관(習慣)과 교우(交友)의 신중함으로 경계해야 하는 것을 강조했다. 시경(詩經)에서는 성인(聖人)의 덕화(德化)를 입은 것을 찬미하니, 사람의 성품이란 주어진 환경에 따라서 또는 가르쳐서 인도함에 따라 악(惡)도 되고 선(善)도 될 수 있음을 나타낸 것이다.

26 景行維賢 克念作聖

경 행 유 현 극 념 작 성

밝은 도(道)를 실천하면 현인(賢人)이 되고, 도의(道義)를 깊이 생각하면 성인(聖人)이 된다.

景 빛날 경 별 경	行 행할 행 다닐 행	維 벼리 유 오직 유	賢 어질 현
克 능할 극 이길 극	念 생각 염(념)	作 지을 작 일어날 작	聖 성인 성

【해설】

현인(賢人)은 덕망과 재능을 갖춘 사람으로 밝고 떳떳하고 어진 행동을 하는 사람이며, 성인(聖人)은 하늘의 도(天道)를 잘 생각하는 사람이다.

시경(詩經)의 小雅篇(소아편) 거할(車舝)에서 '높은 산은 사람들이 우러르고, 넓고 큰 길은 사람이 따르네!'(高山仰止 景行行止)를 인용하였는데, 경행(景行)은 크고 넓은 길이라는 뜻과 함께 밝고 떳떳하고 어진 행동을 말하며, 극념작성(克念作聖)은 서경(書經)의 다방(多方)에서 성인(聖人)이라도 생각이 없으면(하나의 생각에만 얽매이면) 미혹(迷惑, 마음이 흐트러져 사리를 분명히 알지 못하는 것)된 자가 되고, 미혹된 자라도 생각을 잘하게 되면 성인(聖人)이 된다는 것(惟聖罔念作狂 惟狂克念作聖)을 인용한 것이다. (仰止의 止는 之와 같다.)

→ 미혹(迷惑)은 사리를 분명히 알지 못하여 판단이 흐리거나 경솔하게 마음이 동요되는 상태이다.

유(維)와 작(作)은 '～ 이다. ～ 이 되다.'로서 조동사(助動詞)의 역할로 쓰였다.

德建名立 形端表正

덕 건 명 립 형 단 표 정

덕(德)이 서야 명예(名譽)가 서고, 행동거지(行動擧止)가 단정해야 의표(儀表)가 바르게 된다.

德 덕 덕	建 세울 건	名 이름 명	立 설 립
形 형상 형	端 바를 단	表 겉 표	正 바를 정

【해설】

내면(內面)을 건실(健實)하게 닦아야 하니, 나에게 덕(德)이 쌓여야 외형(外形)도 따라서 바르게 되어서 바른 이름도 남게 되는 것이다.

서경(書經)에 이르기를, 네 몸을 바르게 할 수 있으면 감히 바르지 않음이 없다고 하였다.

→ 書曰 爾身克正이면 罔敢不正이라.

공자(孔子)가 계강자(季康子)의 정사(政事)에 대한 물음에 '그대가 올바름으로 앞장서면 누군들 감히 바르지 않겠는가!'라고 대답하였다.

→ 孔子曰 子帥以正이면 孰敢不正이리오 (論語 顔淵篇)

형체가 바르면 그림자도 반드시 바르다.

→ 形正則影必端이라 (禮記雜記)

덕(德)은 실제로 내재하는 본바탕이고 명(名)은 그 실제의 본바탕인 실질(實質)이 겉으로 드러나 보여지는 모습이다.
형(形)은 모양으로 사람의 몸가짐(行動擧止)이며, 의표(儀表)는 몸가짐에 따라 드러나는 품격이다.

28

空谷傳聲 虛堂習聽

공 곡 전 성 　 허 당 습 청

[君子의 道는] 빈 골짜기에서도 소리를 전하고, 빈 집에서도 늘 듣는다.

空 빌공	谷 골짜기 곡	傳 전할 전	聲 소리 성
虛 빌허	堂 집 당	習 항상 습 익힐 습	聽 들을 청

【해설】

아직 도(道)가 전해지지 않은 곳(空谷)으로 도가 전해지고, 새로이 도(道)를 전해 들은 곳(虛堂)에서는 도를 경청하고 익힌다.

군자(君子)의 말이란 골짜기의 산울림처럼 퍼져 나가고, 빈집에서의 소리조차도 들을 수 있다.(習＝能) 그러므로 군자는 언제 어디서든지 몸가짐이나 언행을 조심해야 한다고 풀이 할 수 있으나, 앞의 구절과 함께 보아서 도(道)의 전해짐으로 보는 것이 더욱 자연스럽다.

다른 해석]

비어있는 골짜기가 소리를 전하고 빈집에서의 소리라도 들을 수 있다. (군자의 언행은 숨길 수 없다. 習＝能)

《 27 + 28 》 德建名立하여 形端表正하니 空谷傳聲하여 虛堂習聽하니라

덕이 바르게 서게 되어 명예가 서면 행동거지가 단정해져서 의표(儀表)도 바르게 되어. 군자의 바른 언행은 빈 골짜기 빈 집에까지 모든 세상으로 알려지지 않을 수 없는 것이다.

禍因惡積 福緣善慶

화 인 악 적 복 연 선 경

화(禍)는 악행이 쌓임으로 말미암고, 복(福)은 선행(善行)의 경
사로움에서 연유한다.

禍 재앙 화	因 말미암을 인	惡 악할 악	積 쌓을 적
福 복 복	緣 인할 연	善 착할 선	慶 경사 경
	인연 연		

【해설】

역경 곤괘(易經 坤卦)에서 선(善)을 쌓은 집안에는 반드시 경사로운 복
(慶福)이 남아 있게 되고, 불선(不善)을 쌓은 집안은 반드시 재앙(災殃)이
남아 있게 된다고 하였다.

→ 積善之家에 必有餘慶하고 積不善之家에 必有餘殃이라 (易經 文言傳)

여경(餘慶), 여앙(餘殃)은 남아서 뒤에 또는 자손에게 미치는 것이다.

화(禍)와 복(福)은 모두 자기가 구하지 않는 것이 없다.

→ 禍福이 無不自己求之者니라 (孟子 公孫丑 上)

인(因)은 직접적인 원인을 연(緣)은 간접적인 원인을 말한다.

尺璧非寶 寸陰是競

척 벽 비 보 촌 음 시 경

한 자가 되는 구슬도 보물이 아니니 일촌광음(一寸光陰)을 다 투어 아껴야 한다.

尺 자 척	璧 구슬 벽	非 아닐 비	寶 보배 보
寸 마디 촌	陰 세월 음 그늘 음	是 이 시	競 다툴 경

【해설】

　벽(璧)은 옥(玉)이 둥근 구슬의 통칭인데 옥(玉)의 구분에서 둥글납작한 모양의 구슬이고, 음(陰)은 해의 그림자로써 시간을 의미한다.

　일촌광음(一寸光陰)은 순간적인 매우 짧은 시간으로 촌음(寸陰)이라고도 쓰며, 다툰다는 것은 차지하거나 도달하기 위해 매우 힘쓰는 것이다.

　　주자의 권학문(朱子 勸學文)

　　　오늘 배우지 않으면서 내일이 있다고 말하지 말며
　　　금년에 배우지 않으면서 내년이 있다고 말하지 말라!
　　　해와 달은 가고 세월은 내가 늦출 수 없으니
　　　아! 늙게 되면 이것이 누구의 잘못이겠는가?
　　　소년은 늙기 쉽고 학문은 이루기 어려우니
　　　한 치의 세월도 가볍게 여기지 말라!
　　　연못가의 봄풀은 아직 꿈도 깨지 않았는데
　　　섬돌 아래 오동잎은 이미 가을소리로구나!

　　　勿謂今日不學而有來日　勿謂今年不學而有來年
　　　日月逝矣歲不我延　嗚呼老矣是誰之愆
　　　少年易老學難成　一寸光陰不可輕
　　　未覺池塘春草夢　階下梧葉已秋聲

資父事君 曰嚴與敬

자 부 사 군   왈 엄 여 경

부모를 섬기는 바탕으로 임금을 섬기니 엄숙함과 공경함을 말한다.

資 바탕 자 재물 자	父 아비 부	事 섬길 사 일 사	君 임금 군
曰 말할 왈 가로되 왈	嚴 엄할 엄	與 더불 여	敬 공경 경

【해설】

엄(嚴)은 엄숙(嚴肅)한 것으로 명(命 가르침, 명령)을 매우 소중히 여겨서 확실하고 바르게 지키는 것이고, 경(敬)은 공경(恭敬)하는 것으로 어른이나 가르침을 소중히 하여 높이는 것이다.

효경(孝經)에서 '어버이 섬기는 것을 바탕으로 하여 임금을 섬긴다.'라고 하였다. 어버이에게 효도하지 않으면서 군주에게 충성하는 사람은 있지 않다.

→ 孝經曰 資於事父以事君이라

여(與)는 접속조사(~ 과, 및)로 쓰였으며, 曰嚴與敬을 '말하자면 엄숙함과 공경함으로 해야 한다.'라고 풀이하기도 한다.

孝當竭力 忠則盡命

효 당 갈 력 충 즉 진 명

효도는 마땅히 온 힘을 다해야 하고 충성은 목숨을 다한다.

| 孝 효도 효 | 當 마땅 당 | 竭 다할 갈 | 力 힘 력 |
| 忠 충성 중 | 則 곧 즉 | 盡 다할 진 | 命 목숨 명 |

【해설】

　부모를 섬김에는 능히 그 힘을 다하고, 임금을 섬김에는 능히 자신을 바친다.

　→ 事父母하되 能竭其力하며 事君하되 能致其身한다. (論語 學而篇)

　　능(能)은 할 수 있다. 잘 하다(능히)의 뜻이며 해석에서 생략하는 경우가 많다.

臨深履薄 夙興溫凊

임 심 이 박 숙 흥 온 청

부모 섬김을 깊은 물을 굽어보듯이 얇은 얼음을 밟는 듯이 하고, 일찍 일어나고 [늦게 자며] 추위와 더위를 살핀다.

臨 굽어볼 임 深 깊을 심　履 밟을 리(이) 薄 얇을 박
임할 임

夙 이를 숙　興 일어날 흥　溫 따뜻할 온　　凊 서늘할 청

【해설】

임심이박(臨深履薄)은 시경 소아 소민편(詩經 小雅 小旻篇)에서 주(周)나라 유왕(幽王)이 도(道)를 멀리하니, 모든 일을 조심하여 경계하라는 것과. 숙흥(夙興)은 시경 대아 억편(詩經 大雅 抑篇)에서 군주가 스스로를 경계하였던 말을 효를 위한 것으로 차용하였다.

호랑이는 맨손으론 잡기 어렵고 황하는 걸어서는 못 건너리오! 사람들이 그쯤이야 알면서도 다른 일은 모르는구나! 두려워하고 경계해야 할 것이다. 깊은 물을 굽어보듯 하고 살얼음을 밟는 것처럼 하라!
→ 不敢暴虎하고 不敢憑河라 人知其一한데 莫知其他라 戰戰兢兢하고 如臨深淵하여　如履薄氷이라 (詩經 小雅 小旻篇)

아침 일찍 일어나며 밤늦게 자고 뜰 안을 쓸고 닦아서 백성들의 본보기가 되리라!
→ 夙興夜寐하고　灑掃廷內하여　維民之章하리라 (詩經 大雅 抑篇)

온청(溫凊)은 예기(禮記)에서 인용된 것으로 무릇 자식 된 예(禮)는 겨울에는 따뜻하게 해드리고 여름에는 시원하게 해드리며, 밤에는 자리를 펴서 편안하게 해 드리고, 아침에는 안부를 살펴야 한다.

→ 凡爲人子之禮에 冬溫而夏凊하고 昏定而晨省이라.

58

34 似蘭斯馨 如松之盛

사 란 사 형 여 송 지 성

[德은] 난초 같이 향기롭고 [氣像은] 소나무 같이 무성하리라!

| 似 같을 사 | 蘭 난초 란(난) | 斯 이 사 | 馨 향기 형 |
| 如 같을 여 | 松 소나무 송 | 之 이 지 갈 지 | 盛 성할 성 |

【해설】

효(孝)와 충(忠)의 근본을 알아서 실천하면, 군자(君子)의 덕(德)은 소박혜게 꽃피우면서도 그 향기는 그윽하게 멀리까지 풍기는 난초(蘭)와 같이 공간적, 시간적으로 멀리까지 군자의 덕행은 퍼지고, 군자(君子)의 씩씩한 기상(氣像)과 절의(節義)는 언제나 푸르고 변함없는 것이다.

한 겨울의 추운 날씨가 된 다음에야 소나무와 측백나무가 시들지 않음을 안다.

→ 歲寒然後에야 知松柏之後彫也니라 (論語 子罕篇)

사(斯)와 지(之)는 어조사(語助辭)로 쓰였다.

35 川流不息 淵澄取暎

천 류 불 식 연 징 취 영

흐르는 냇물은 쉬지 않으며 맑은 연못물은 비치는 것을 취할 수 있다. (비춰줄 수 있다.)

川 내 천	流 흐를 류	不 아니 불	息 쉴 식
淵 못 연	澄 맑을 징	取 취할 취	暎 비칠 영

【해설】

　군자(君子)는 조금도 쉬지 않고 부지런히 힘써서 죽을 때까지 성현의 덕성(德性)을 끊임없이 함양(涵養)하여야 함을 강조한 것이다.

　하늘의 운행은 꿋꿋하니(어긋나거나 멈추지 않으니) 군자가 이를 본받아 스스로 힘써 노력하여 쉬지 않는다.

　　→ 天行健하니 君子以하여 自彊不息이라 (易經 乾卦)

　천도(天道)가 운행하는 것은(흘러가는 것) 이와(냇물) 같을 것이다. 밤낮으로 쉬지 않는구나!

　　→ 逝者如斯夫인저 不舍晝夜로다 (論語 子罕篇)

　군자(君子)의 참된 마음이 드러나는 것도 저 맑은 연못에 사물이 비쳐지는 것과 같이 군자가 맑게 되면, 참 마음을 볼 수 있고 함께 아우를 수 있음을 비유한 것이다. 그러므로 정신이 맑고 뜻이 평안해야 사물의 실정을 바르게 인식할 수 있는 것이다.
(연못의 물이 고요하고 맑으면 모든 것을 비춰 줄 수 있다.)

　쉬지 않고 정진하는 것은 늘 자신의 마음을 맑고 고요하게 하는 것이고, 마음이 맑고 고요하면 성현의 성품인 덕성이 갖추어지는 것이니, 마음이 고요해지면 지혜가 발현되어 도(道)에 나아갈 수 있는 것이다.

36 容止若思 言辭安定

용 지 약 사 언 사 안 정

행동거지는 생각하는 듯이 하고, 말은 편안하고 일정하게 한다.

容 꾸밀 용   止 그칠 지   若 같을 약   思 생각할 사
言 말씀 언   辭 말씀 사   安 편안할 안   定 정할 정

【해설】

몸가짐은 주의 깊게 생각하여 흐트러짐 없는 행동을 하고, 말은 안정되게 하여 예(禮)에 어긋나는 일이 없어야 한다는 것이다.

마음속에 정성스러움이 있으면 겉으로 나타난다. 그러므로 군자는 반드시 자신이 홀로 하는 것에(속마음) 진실하게 몸과 마음을 조심하여야 한다.

→ 誠於中하면 形於外하니 故로 君子必愼其獨也라 （大學 傳文6章）

나 자신과 모든 사물을 공경하지 않음이 없고, 행동은 장중하고 엄숙하게 생각한 듯 하며, 말의 씀씀이를 조용하고 올바르게 하면 모든 사람들이 편안해 한다.

→ 毋不敬하고 儼若思하며 安定辭하면 安民哉라 （禮記 曲禮）

용(容)은 모양이고 지(止)는 머무는 것으로 용지(容止)는 몸의 온갖 동작이니 행동거지(行動擧止)이다.

篤初誠美 愼終宜令

독 초 성 미 신 종 의 령

처음을 독실하게 함이 진실로 아름답고, 마치는 것에 진실하게 몸과 마음을 조심하면 참으로(마땅히) 좋다.

篤 도타울 독	初 처음 초	誠 진실로 성	美 아름다울 미
愼 삼갈 신	終 끝 종	宜 마땅할 의	令 아름다울 령
	마칠 종		명령할 령

【해설】

시작할 때에 정성을 다하여 온 힘을 쏟는 것은 참으로 아름답고, 마무리를 신중히 하면 마땅히 좋게 된다는 것은, 처음을 잘하되 끝까지 잘하는 것을 강조하는 것이다.

시경(詩經) 탕편(湯篇)에 누구에게나 처음이란 없지 않거늘 잘 끝맺는 이가 드물다고 하였다.

→ 靡不有初나 鮮克有終이라

독(篤)은 진실하고 정성스러우며 확고한 것이고, 신(愼)은 진실하게 몸과 마음을 조심하는 것이다.

다른 해석]

처음을 돈독하게 함은 참으로 아름다운 일이나, 마무리를 신중히 해야 마땅히 좋은 것이다.

榮業所基 藉甚無竟

영 업 소 기 자 심 무 경

영화로운 사업(군자가 펼치는 도)의 기초가 되는 것은 자리
(근본)가 두텁고 경계가 없어야 한다.

榮 영화영	業 업업	所 바소	基 터 기
藉 깔개 자	甚 두터울 심	無 없을 무	竟 경계 경
왁자할 자	심할 심		다할 경

【해설】

도(道)의 근본이 바르고 굳건하여 두루 아우를 수 있어야 변하지 않고
오래도록 유지되는 것이다.

업(業)은 군자(君子)가 세상에 펼치고자 하는 도(道)를 의미하였는데 오
늘날은 직업, 사업 등의 일을 말하는 것으로 되었다. 불교에서는 몸과 입
과 마음으로 짓는 행위로 얻어진 효과를 업(業)이라 한다.

자(藉)와 적(籍)은 통용되었다.

다른 해석]

篤初誠美하고 愼終宜令하면 영화로운 사업의 터전이 되는 것이니 훌륭
한 명성은 끝이 없으리라!

→ 자심(藉甚)은 낭자(狼藉) 자자(藉藉)와 같은 뜻으로 자(藉)는 적(籍)과
통용되어 기록된 문서 또는 문서로 남는 이름을 가리키며, 명성이
세상에 널리 퍼짐을 말한다.

狼藉 여기저기 어지럽게 흩어져 있는 모양
藉藉 여러 사람의 입에 오르내려 떠들썩함

39 學優登仕 攝職從政

학 우 등 사 섭 직 종 정

배움이 넉넉하면 벼슬에 올라서 관직을 맡아 정사에 종사한
다.

學 배울학	優 넉넉할우	登 오를등	仕 벼슬사
攝 잡을섭	職 직분직 맡을 직	從 좇을종	政 정사정

【해설】

출사(出仕 : 벼슬하여 관직에 나아감)하고 여력이 있으면 배우고, 배우
고 여력이 있으면 출사한다.

→ 仕以優則學하고 學而優則仕니라. (論語 子張篇)

여력(餘力)은 어떤 일을 하고도 아직 남아 있는 힘이나 능력 또는 시간
을 말하는데, 반드시 먼저의 일에 대한 극진함이 있은 뒤에야 여력(餘力)
이 생기는 것이다.

40 存以甘棠 去而益詠

존 이 감 당 　 거 이 익 영

[주(周)나라 소공(김公)이 감당나무 아래에서 선정(善政)을 베풀었으니] 감당나무로써 남아 있어(감당의 詩가 남아 있어) 떠난 후에도 더욱 그의 덕을 노래하였다.

存 있을 존　以 써 이　　甘 달 감　　棠 아가위 당
　　　　　　　　　　　　　　　　　　팥배나무 당

去 갈 거　　而 어조사 이　益 더할 익　詠 읊을 영

【해설】

소공(김公 : 周公旦의 동생)은 주 무왕(周武王)이 상(商)나라를 멸망시키고 연(燕)나라를 식읍(食邑)으로 주어서 연(燕)나라 시조가 되었는데, 제후국들을 찾아서 주(周)나라의 정책을 펴고 다닐 때, 감당나무(甘棠 : 팥배나무) 아래에서 머무르며 백성들에게 선정(善政)과 덕행(德行)을 베풀었으니, 백성들이 그의 덕을 사모하여 감당나무를 보존하고 감당(甘棠)이라는 시(詩)를 지어 칭송했는데, 그 시(詩)는 현재까지 『시경(詩經)』에 남겨져 전해오고 있다.

시경(詩經) 소남(召南) 감당3장(甘棠三章)

蔽芾甘棠 勿翦勿伐 召伯所茇
蔽芾甘棠 勿翦勿敗 召伯所憩
蔽芾甘棠 勿翦勿拜 召伯所說

무성한 팥배나무 자르거나 베지 마소! 소백께서 기거하던 곳이요,
무성한 팥배나무 자르거나 꺾지 마소! 소백께서 쉬시던 곳이요,
무성한 팥배나무 자르거나 굽히지 마소! 소백께서 머무르며 유세한 곳이라네.
(芾 우거질 불, 나무 더부룩할 패.　茇 초막 발)

보존되어진 감당나무로써 소공(김公)의 덕을 칭송하고, 감당(甘棠)이라
는 시(詩)를 지어 전하여져 소공(김公)의 덕이 칭송되는 것을 말한다.

《 37 + 38 + 39 + 40 》 篤初誠美하고 愼終宜令하며
榮業所基하고 藉甚無竟하며 學優登仕하여 攝職從政하니 存以甘
棠하여 去而益詠하니라

군자(君子)가 펼치는 도(道)는 처음과 끝이 진실로 아름다워야 하며
(37), 터전이 튼튼하고 넓어야 하며(38), 넉넉히 배워 정사에 베풀어서
(39), 떠나간 뒤에도 영원하여야 한다(40).

樂殊貴賤 禮別尊卑

악 수 귀 천 예 별 존 비

음악은 귀천에 따라 다르게 하고, 예절은 높고 낮음에 따라 분별한다.

| 樂 풍류악 | 殊 다를 수 | 貴 귀할 귀 | 賤 천할 천 |
| 禮 예도 예(례) | 別 나눌 별 | 尊 높을 존 | 卑 낮을 비 |

【해설】

　사회질서를 세우는 원동력인 위계질서가 무너지면 사회구조는 문란해져 국가의 유지가 어렵게 된다.

　악(樂)은 인간의 성정(性情)을 다스려 시(詩)의 가사로써 교화하여 화합으로 이끄는 조화(造化)의 역할을 하며, 예(禮)는 사회질서를 유지하는 중요한 규범으로 작용하였다. 그러므로 신분에 따라 음악을 달리하여 신분질서를 확립하고, 복장의 색깔과 문양이나 공동체 행동양식의 기준(禮節)을 만들어 높고 낮음을 구별하였다. 또한 위계질서(位階秩序)와 상례(喪禮), 제례(祭禮) 등에서 제도(制度)로써 엄격하게 하였다.

→ 천자(天子)의 음악은 팔일무(八佾舞 : 8명 여덟 줄의 64명) 제후(諸侯)는 육일무(六佾舞 : 6명 여섯 줄의 46명)이고, 천자(天子)의 의복은 해·달·별의 문양, 십이장(十二章)이고, 제후(諸侯)의 복장에는 산·용·공작의 문양으로 구별한다.

上和下睦 夫唱婦隨

상 화 하 목 부 창 부 수

윗사람은 온화하고 아랫사람은 공손하며 남편은 인도하고 아내는 따른다.

上 위 상 　　和 화할 화 　　下 아래 하 　　睦 화목할 목
夫 지아비 부 　唱 인도할 창 　婦 지어미 부 　隨 따를 수
　　　　　　　　부를 창

【해설】

위에서는 사랑하면서 가르침이 있어야 하는데 이를 화(和)라 하고, 아래에서는 공경하면서 예의를 다해야 하는데 이를 목(睦)이라 하니, 상하(上下)가 서로 뜻이 맞고 정다운 모습을 화목(和睦)이라고 한다.

창(唱)은 앞장서서 주장하여 인도(引導)한다는 뜻이다.

外受傅訓 入奉母儀

외 수 부 훈　입 봉 모 의

　밖에서는 스승의 가르침을 받고 집에 들어오면 어머니의 거동을 모시며 본 받는다.

外	바깥 외	受	받을 수	傅	스승 부	訓	가르칠 훈
入	들 입	奉	받들 봉	母	어미 모	儀	거동 의

【해설】

　예기(禮記) 내칙(內則)에 사내아이가 열 살이 되면, 밖으로 나아가 외부의 스승에게 기거하면서 글과 계산을 배운다. 여자아이가 열 살이 되면 밖에 나가지 않고, 여자선생님이 유순한 말씨와 온화한 얼굴빛을 갖는 것과, 남의 말을 잘 듣고 따르는 것을 가르친다.

　→ 十年이어든 出就外傅하며 居宿於外하며 學書計하며 女子十年이면 不出하여 姆敎婉娩聽從하니라. (禮記 內則)

諸姑伯叔 猶子比兒

제 고 백 숙 유 자 비 아

모든 고모와 백부, 숙부는(아버지의 형제들은) 조카를 친자식 같이 대하여야 한다.

諸 모두 제	姑 시어미 고 고모 고	伯 맏 백	叔 아재비 숙
猶 같을 유 오히려 유	子 아들 자	比 나란히할 비 견줄 비	兒 아이 아

【해설】

아버지의 형제자매들은 조카들이 내 자식과 같으니 자식과 같이 대하여야한다는 혈연에 대한 인륜을 말하며, 유자(猶子)는 조카이다.

백숙(伯叔)은 아버지의 형제인 백중숙계(伯仲叔季) 모두를 말한다.

→ 오늘날 쓰이는 아버지의 형은 백부(伯父), 동생은 숙부(叔父)라고 하는 개념과는 다르다.

조카가 서신(書信)을 보낼 때에 자신을 유자(猶子)라고 쓰고 백부나 숙부를 유부(猶父)라고 썼다.

예기(禮記) 단궁편(檀弓篇)에 형제의 자식은 자신의 자식과 같다고 하였다.

→ 兄弟之子는 猶子也라

45	孔懷兄弟 同氣連枝

공 회 형 제 동 기 연 지

매우 생각하는(깊이 사랑하는) 형제는 같은 기운으로 이어진 가지이다.

孔 깊을공   懷 품을회   兄 맏형   弟 아우제
  구멍 공

同 같을 동   氣 기운 기   連 잇닿을 련(연) 枝 가지 지

【해설】

나무에 비교하면 부모는 나무의 뿌리요 형제는 나무의 가지와 같으니, 형제간의 사랑을 강조한 것이다.

죽음의 두려움에(죽을 고비에도) 형제를 깊이 생각하네!

→ 死喪之威에 兄弟孔懷라 (詩經 小雅 常棣)

交友投分 切磨箴規
교 우 투 분   절 마 잠 규

벗을 사귐에는 서로의 분수를 지켜서 내 몫을 내어줄 수 있게 하며, 학문을 갈고 닦으며 경계하여 바로잡아 줘야 한다.

交	사귈 교	友	벗 우	投	던질 투	分	나눌 분
切	끊을 절	磨	갈 마	箴	경계 잠	規	바로잡을 규
	모두 체						법 규

【해설】

우(友)는 서로의 뜻이 같은 사람이고 투분(投分)은 타고난 분수의 제 몫을 아낌없이 내어준다는 의미로써, 서로의 도움을 아낌없이 주고받을 수 있는 사이로 서로의 마음이 맞는(投合) 것이니, 서로의 분수를 바르게 지키는 것이 선행되어야 한다.

잠(箴)은 잘못되지 않도록 넌지시 나무라거나 경계(警戒)하게 하여 깨우쳐 주는 말이다.

분수(分數)는 자기의 신분이나 처지에서 인정되는 알맞은 한도이다.

빛이 나는 군자는 자르고서 깎고, 갈고서 닦는다. (切磋琢磨, 切磨)

→ 有匪君子는 如琢如磨如切如磋라 (詩經 衛風 淇奧篇)

47 仁慈隱惻 造次弗離

인 자 은 측   조 차 불 리

　인(仁)은 사랑이며 가엽게 여기는 마음으로, 아주 급박해도 떠날 수 있는 것(버릴 수 있는 것)이 아니다.

仁 어질 인　慈 사랑할 자　隱 가엾어할 은　惻 슬퍼할 측
　　　　　　　　　　　　　숨을 은

造 지을 조　次 버금 차　弗 아닐 불　　離 떠날 리(이)
　 처음 조　　　　　　　　　　　　 버릴 리

【해설】

　인자은측(仁慈隱惻)이란 인(仁)의 가장 근본은 사랑이며 가엽게 여기어 가슴아파하는 측은지심(惻隱之心)으로 잠시라도 이 마음을 떠나서는 안 된다는 것이다.

　인(仁)은 마음에서 얻어지는 덕(德)이고, 사랑의 당연한 이치(理致)이며 가엽게 여기어 가슴아파하는 마음은 인(仁)의 실마리이다.

　→ 仁者는 心之德이요 愛之理라 (孟子 梁惠王 註)
　　 惻隱之心은 仁之端也라 (孟子 公孫丑 上)

　군자(君子)가 밥 한 숟가락 뜨는 동안에도 인(仁)을 떠나는 것이 없으니, 짧은 시간이라도 인(仁)에 있기를 기필(期必 : 꼭 이루기를 期約하다.)하고, 위급한 상황이라도 인(仁)에 있기를 기필한다.

　→ 君子는 無終食之間違仁하여 造次에 必於是하며 顚沛에 必於是니라
　　 (論語 里仁篇)

　※ 종식지간(終食之間)을 끼니 사이로 대부분 해석하지만, 조금의 사이라도 인(仁)을 떠나는 것이 없어야 하는 것이니, 밥 한 숟가락 뜨는 사이의 짧은 시간이 문맥과 더욱 통한다.

73

조차(造次)는 갑작스런(造) 때(次)로서 일상적 상황에서 아주 짧은 시간인 순간적인 것이다.

다른 해석]

어질고 사랑하며 불쌍히 여기고 가엽게 여기는 마음은 잠시라도 떠날 수 있는 것이 아니다.

어진마음으로 사랑하고 불쌍히 여기는 마음은 잠시라도 떠나지 말아야 한다.

節義廉退 顚沛匪虧

절 의 염 퇴 　 전 패 비 휴

절개와 의리, 성품의 깨끗함과 물러남은 엎어지고 자빠지는 어려운 상황에서도 이지러트려서는 안 된다.

節 절개절　義 옳을 의　廉 청렴 렴(염)　退 물러날 퇴
　마디 절
顚 엎어질 전　沛 자빠질 패　匪 아닐 비　　虧 이지러질 휴

【해설】

　절(節)은 지키는 바가 있어 변하지 않는 것이고, 의(義)는 마음(心)을 제재(制裁 : 일정한 행동양식에 벗어나지 않도록 조절하고 억제하는 것)하는 것이며 일이 이치에 마땅한 것이다.

　여기에서 렴(廉)은 분별함이 있는 것으로 벼슬아치의 청렴보다는 굳고 깨끗한(介潔) 군자의 성품(性品)을 말한다.

　퇴(退)는 겸손하여 사양하는 것이고, 이지러지(虧)는 것은 부분적으로 형태가 변하거나 부족하거나 생각이나 행동이 바르지 못한 것이다. 전패(顚沛)는 일상적인 아닌 위험하고 난처한 지경에 빠진 상태인 것이다.

《 47 ＋ 48 》　　仁慈隱惻하고　造次弗離이니　節義廉退하고 顚沛匪虧니라

　군자의 사랑하고 가엽게 여기는 마음(仁)은 아주 급박해도 떠날 수 있는 것이 아니며, 절개(信)와 의리(義), 성품의 깨끗함과(知) 물러남은(禮) 엎어지고 자빠지는 위험하고 난처한 지경에서도 이지러지게 해서는 안 되는 것이다.

性靜情逸 心動神疲

성 정 정 일 심 동 신 피

성품(本性)이 고요하면 감정이 편안하고, 마음이 동요(動搖)되면 정신이 피곤해진다.

性 성품 성　靜 고요할 정　情 뜻 정　　逸 편안할 일
心 마음 심　動 움직일 동　神 귀신 신　　疲 지칠 피
　　　　　　　　　　　　　　　　　　　　피곤할 피

【해설】

하늘로 부터 인(仁)·의(義)·예(禮)·지(智)·신(信)의 덕(德)이 사람에게 부여된 것이 성(性)으로써 본성(本性, 天命)을 말하고, 마음의 작용인 정(情)은 마음이 사물에 감응하여 일어나는 성(性)의 발동인 감정(感情)을 말하는데, 성(性)은 깨끗하게 보존되어야 하는 것이고 정(情)은 절제(節制)되어야 하는 것이다

마음(心)은 性(本性, 天命)과 情(人情)을 함께하고 있으니, 마음(心)이 만일 사물에 의해서 동요(動搖)되면, 그 성(性)을 온전히 보전하지 못하여 신기(神氣 : 정신 의식의 활동)를 피곤(疲倦)하게 한다. 따라서 마음(心)을 편안히 다스려 정신(精神)을 수고롭게 만들지 말라는 것이다.

守眞志滿 逐物意移

수 진 지 만 축 물 의 이

진실(道)을 지키면 지조가 충만해지고, 외물(外物, 物欲)을 쫓으면 의지(意志)가 옮겨진다.

守 지킬 수 　眞 참 진 　　志 뜻 지 　滿 찰 만

逐 쫓을 축 　物 만물 물 　意 뜻 의 　移 옮길 이

【해설】

진실(道)을 지키면 뜻이 확고해지고 물욕(物慾)을 따르면 바르게 추구해야하는 마음이 흐트러지는 것이니 이것들을 경계해야 한다.

본성(本性)의 근본은 진실하면서 고요하다. 그것이 아직 맹렬히 발현하지 않았을 때에는 오성(五性：本性)을 구비하였으니, 인(仁)·의(義)·예(禮)·지(智)·신(信)이다. 오성(五性)의 형체가 이미 생겼으면, 외물(外物)이 그 형체에 접촉되어 마음이 고동 되는 것이다. 마음속이 고동이 되면 칠정(七情)이 나오게 되니, 희(喜)·노(怒)·애(哀)·구(懼)·애(愛)·오(惡)·욕(欲)이라고 말하니, 칠정(七情)이 이미 발현하여서 더욱 넘치게 되면 그 본성(本性)이 깎이게 된다.

其本也眞而靜하여 其未發也에 五性具焉하니 曰仁義禮智信이요 形旣生矣에 外物觸其形而動於中矣라 其中動而七情出焉하나니 曰喜怒哀懼愛惡欲이니 情旣熾而益蕩하면 其生鑿矣라 (論語 雍也篇 第2章)

의지(意志)는 의식적으로 추구하여 마음이 가는 곳이다.

堅持雅操 好爵自縻

견 지 아 조 호 작 자 미

바른 지조를 굳게 갖고서 지키면 좋은 벼슬자리는 저절로 얽여온다. (벼슬이 따라온다.)

堅 굳을 견　持 가질 지　雅 바를 아　操 잡을 조
　　　　　　 지킬 지　　 우아할 아

好 좋을 호　爵 벼슬 작　自 스스로 자　縻 얽을 미

【해설】

　바른 도(道)를 지키고 덕(德)을 쌓아서 지조 있는 생활로써 일관되면 군자(君子)인 것이다. 군자는 사회와 나라에 쓰임이 있고 인덕(人德)이 있어서, 사람들이 저절로 모여들어 자연스럽게 출세의 길도 따라오게 된다는 것이다.

　천작(天爵, 仁義禮智)을 잘 닦으면, 인작(人爵, 公·卿·大夫와 같은 벼슬)은 저절로 따르게 된다.

　→ 修其天爵하면 而人爵從之라 (孟子 告子上篇)

　군자(君子)는 평이(平易)한 도리를 행하면서 천명을 기다리고, 소인(小人)은 위험한 짓을 행하면서 요행(僥倖)을 바란다.

　→ 君子居易以俟命하고 小人行險以徼幸이니라 (中庸 第14章)

다른 해석]

　바른 지조를 굳게 지켜라! 벼슬만 좋아하면 스스로를 얽매게 된다.

제2장 대륙의 모습

중국의 사회(社會), 문화(文化), 지리(地理) 등을 자긍심(自矜心)으로 표현한다.

都邑華夏 東西二京

도 읍 화 하 동 서 이 경

중국에서 도읍한 곳은 동쪽 낙양(洛陽)과 서쪽 장안(長安)의
두 서울이었다.

都 도읍 도	邑 고을 읍	華 빛날 화	夏 여름 하
東 동녘 동	西 서녘 서	二 두 이	京 서울 경

【해설】

화하(華夏)는 세상의 중심으로 영화(榮華)로운 대국이라고 자기 나라를
한껏 높여서 부르는 것이다. 중국(中國), 중화(中華)라고도 부르는데, 중국
(中國)은 정신적, 물질적으로 밝게 깨우쳐져서 문명화 되어 천하나라의
중심이라는 것으로 우월주의를 나타낸다. 화(華)는 매우 귀하게 빛난다는
것(榮華)이며 하(夏)는 크다는 뜻이다.

읍(邑)은 나라와 통하는데 읍(邑)에 선군(先君)의 종묘(宗廟)가 있어서
천자(天子)가 사는 곳은 도(都)라 하였고, 일반적인 읍(邑)은 제후(諸侯)가
다스렸다

동쪽에는 주(周)나라 성왕(成王)이 도읍을 정하여 동도(東都) 또는 성주
(成周)라고 불렀는데, 후한 광무제(光武帝)에 이르러 낙양(洛陽) 또는 동경
(東京)이라고 불리게 되었다.
서쪽의 장안(長安)에는 전한(前漢) 때에 고조(高祖) 유방(劉邦)이 도읍을
정하고 西京(서경)이라고 불렀다.

背邙面洛 浮渭據涇

배 망 면 락 부 위 거 경

낙양(洛陽)은 북망산(北邙山)이 뒤(북쪽)에 있고 낙수가 앞(남쪽)에 있으며, 장안(長安)은 위수(渭水)에 떠 있는 듯하고 경수(涇水)에 의거(依據)하고(물길을 대고) 있다.

背	등배	邙	산 이름 망	面	앞 면	洛	강 이름 락(낙)
					낯 면		
浮	뜰 부	渭	강 이름 위	據	의거할 거	涇	물 이름 경
					근거 거		

【해설】

낙양(洛陽)과 장안(長安)의 지리적 설명이다.

장안(長安)은 지금의 서안(西安) 부근으로 전한(前漢)이 이곳에 도읍을 정한 뒤에는 수(隋)나라, 당(唐)나라 때까지 자주 도읍으로 자리 잡은 도시이다. 위수(渭水) 강변에 위치하니 위수에 떠 있는 듯이 보이는 것이며, 경수(涇水)는 위수(渭水)로 흘러 들어오는 지류(支流)인데, 의거(依據)는 근거를 두거나 기대어서 의지하는 것이니 이 물길을 대어서 생활용수를 의지하고 있다는 것이다. 장안(長安)이 한(漢)나라의 도읍이 되어 번성해진 이후로 현재에도 장안(長安)을 수도 또는 번화한 도시라는 뜻으로 불리게 되었다.

낙양(洛陽)은 동주(東周)의 도읍인 낙읍(洛邑)에서부터 오랫동안 중요한 위치를 차지하는 도시로 후한(後漢)때에는 낙양(洛陽)을 도읍으로 정했다.

宮殿盤鬱 樓觀飛驚

궁 전 반 울 　 누 관 비 경

궁전은 빽빽하게 서려있고 누관은 날아오를 듯 놀랍다.

宮 집궁　　　殿 큰집전　　盤 서릴반　　鬱 울창할울
　　　　　　　　　　　　　소반 반

樓 다락 루(누)　觀 볼관　　飛 날비　　驚 놀랄경

【해설】

　도읍(都邑)의 거리 모습이다.

　빽빽하게 서려있다는 것은 많은 건물이 운집(雲集)하여 겹쳐서 보이는 것이다.

　궁(宮)은 진한(秦漢) 이전에는 일반 가옥의 뜻으로 쓰이고, 전(殿)은 규모가 큰 것을 지칭 했으나, 이후부터 천자가 머무는 궁궐(宮闕)을 뜻하여 궁(宮)은 천자가 평상시에 거처하는 거소(居所)를 말하고, 전(殿)은 정사(政事)를 보는 곳으로 불려졌다.

　층으로 높이 지어 올라가서 경치를 감상하는 것은 누(樓, 樓閣)라고 하고, 살피면서 망루(望樓)의 역할을 하는 것은 관(觀, 觀臺)이라고 한다.

55 圖寫禽獸 畵綵仙靈

도 사 금 수 화 채 선 령

   궁전 누각에는 날짐승과 길짐승을 그리고 신선과 신령을 그려서 채색하였다.

圖 그림 도	寫 베낄 사	禽 날짐승 금	獸 짐승 수
畵 그림 화	綵 무늬 채	仙 신선 선	靈 신령 령(영)

【해설】

   누각과 궁전에 그려진 새와 짐승(禽獸)는 군주의 권위를 기원하는 사령(四靈)으로 용(龍)·봉황(鳳凰)·거북(龜)·기린(麒麟)을 그렸고, 신선(神仙)과 성현(聖賢)을 그려서 군주의 장수와 복록을 기원했으니, 덕(德)으로써 나라를 다스려 성군(聖君)이 되기를 바랐던 것이다.

   신령(神靈)은 신비로운 힘이 있다고 믿는 초인간적, 초자연적인 존재를 말한다. (예, 山神靈)

丙舍傍啓 甲帳對楹

병 사 방 계 갑 장 대 영

관리들의 집무실(丙舍)은 옆을 열어 놓았고, 임금의 집무실은
아름다운 휘장이 두 기둥 사이에 걸리어 있다.

丙 남녘 병	舍 집 사	傍 곁 방	啓 열 계
甲 첫째 갑	帳 휘장 장	對 대할 대	楹 기둥 영
갑옷 갑			

【해설】
궁궐에 있는 관리들의 집무실과 임금의 집무실 모습이다.

병사(丙舍)는 정전(正殿)의 양쪽에 있는 관리들의 집무 및 대기 장소이
다. 갑을병정(甲乙丙丁) 네 개의 건물에서 병사(丙舍)만을 들어서 설명하
였다.

방계(傍啓)는 옆을 열어 놓아 정전(正殿)의 문을 열면 통하도록 되어
있다는 것이다.

갑장(甲帳)은 임금이 머무는 곳을 둘러쳐서 가리는 장막이나 신전(神殿)
에 화려하게 치장한 장막을 말한다. 갑(甲)은 여럿 가운데서 가장 뛰어난
것이니 여기서는 매우 아름답고 화려한 것이다.

57 肆筵設席 鼓瑟吹笙

사 연 설 석 고 슬 취 생

　자리를 넓게 펴고서 방석을 진열해 놓고 거문고를 타고 생황을 분다.

肆 늘어놓을 사　筵 자리 연　設 베풀 설　席 자리 석
　방자할 사
鼓 두드릴 고　瑟 거문고 슬　吹 불 취　笙 생황 생
　북 고　　　　　비파 슬

【해설】
　군신(君臣)이 연회를 열어 태평성대(太平聖代)를 서로 기뻐하고 즐기는 모습이다.

　시경(詩經) 대아편(大雅篇) 행위(行葦)에서 자리를 펴고 방석을 깔아서 황제가 자리를 마련해 연회를 즐기는 것인 사연설석(肆筵設席)이란 문구와, 시경(詩經) 소아편(小雅篇)에 신하들과 손님들과 함께 도(道)와 덕(德)을 노래하는 녹명(鹿鳴)에서, 나에게 반가운 손님이 있어서 비파를 타고 생황을 분다(아유가빈 고슬취생 我有嘉賓 鼓瑟吹笙)를 인용하였다.

陞階納陛 弁轉疑星

승 계 납 폐 변 전 의 성

　신하들이 계단을 오르고 궁전 안의 섬돌을 오르는데 모자(冠)에 꾸민 구슬이 움직이니 별인 듯하다.

| 陞 오를 승 | 階 섬돌 계 계단 계 | 納 들일 납 바칠 납 | 陛 섬돌 폐 |
| 弁 고깔 변 | 轉 구를 전 | 疑 비슷할 의 의심할 의 | 星 별 성 |

【해설】

　폐(陛)는 궁전 안에 있는 황제나 특정인만이 오르내릴 수 있는 계단이다.

　변(弁)은 사슴가죽으로 만든 모자인데 신분에 따라 다르게 구슬을 달아서 꾸몄다.

59 右通廣內 左達承明

우 통 광 내 좌 달 승 명

정전(正殿)의 오른쪽으로는 광내전(廣內殿 : 서고)으로 통하고
왼쪽으로는 승명전(承明殿 : 교정, 출판실)에 도달한다.

右 오른 우   通 통할 통   廣 넓을 광   內 안 내

左 왼 좌   達 이를 달   承 이을 승   明 밝을 명
            통달할 달

【해설】

학문 연구를 위한 서적관련 건물을 들어서 설명한다.

60 旣集墳典 亦聚群英

기 집 분 전 역 취 군 영

이미 삼분오전(三墳五典)을 모으고 또한 많은 영재들을 모았다.

旣 이미 기	集 모을 집	墳 책 분 무덤 분	典 책 전 법 전
亦 또 역	聚 모을 취	群 무리 군	英 뛰어날 영 꽃부리 영

【해설】

분전(墳典)이란 삼분오전(三墳五典)으로 삼황오제의 사적(事跡)을 기술한 책이나 이것만 뜻하는 것이 아니라, 큰 것만 거론한 것이고 선인들의 많은 전적을 이르는 것이다. 삼황오제(三皇五帝)는 제10조목(第10條目)에서 이미 거론하였다.

61. 杜稿鍾隸 漆書壁經

두 고 종 예 칠 서 벽 경

후한(後漢)시대 두조(杜操)의 초서(草書)와 위(魏)나라 종요(鍾繇)의 예서(隸書)도 있고, 옻으로 쓴 것과 공자(孔子)의 옛집 벽속에서 발견한 경전도 있다.

杜	막을 두	稿	원고 고 볏짚 고	鍾	쇠북 종	隸	예서 예 종 예
漆	옻 칠 칠할 칠	書	글 서	壁	벽 벽	經	경서 경 지날 경

【해설】

두(杜)는 후한(後漢)의 장제(章帝) 때의 두조(杜操, 杜度)로 초서(草書)에 능했다고 하며, 종(鍾)은 위(魏)나라 때의 정치가이자 문장가인 종요(鍾繇)로 예서(隸書)에 특히 능했다고 한다. 두고(杜槀)는 두도(杜度)의 장초체(章草體)인 초서(草書)로 쓴 시문(詩文)을 엮은 문집(文集)이다.

칠서(漆書)는 고전자(古篆字)로 대나무를 쪼개어 만든 죽간(竹簡)에다 옻으로 글씨를 쓴 것이고, 벽경(壁經)이란 공자(孔子)의 옛집 벽속에서 발견한 경서(經書)를 말한다.

칠서벽경(漆書壁經)을 옻으로 쓴 공자(孔子)의 옛집 벽속에서 발견한 경서(經書)로 묶어서 보기도 한다.

62　府羅將相　路夾槐卿

부 라 장 상 　 로 협 괴 경

관부(官府, 조정)에는 장수와 정승들이 나열해 있고, 큰 길은 삼공구경(三公九卿 고위관리)의 저택을 끼고 있다.

府	관청 부 곳집 부	羅	벌릴 라	將	장수 장	相	정승 상 서로 상
路	길 로(노)	夾	낄 협	槐	홰나무 괴 삼공 괴	卿	벼슬 경

【해설】

부라장상(府羅將相)은 문무백관(文武百官)이 조정(朝廷)에 집결해 있는 모습이다

주(周)나라 조정(朝廷)으로 들어가는 길에 세 그루의 홰나무(회화나무)와 아홉 그루의 가시나무를 심어서, 삼공(三公)과 구경(九卿)의 표지(標識)로 삼았는데, 홰나무는 삼공(三公)을 가시나무는 구경(九卿)을 상징하였다. 옛날에 선비들의 집이나 마을에 회화나무를 심었던 것은 출세를 기원하였던 것이다.

戸封八縣 家給千兵

호 봉 팔 현 가 급 천 병

공신(功臣)에게 여덟 고을(八縣)의 민호(民戸)를 나누어 봉토(封土)인 식읍(食邑)을 주고 제후에게 일 천의 병졸을 주었다.

| 戸 집호 | 封 봉할봉 | 八 여덟팔 | 縣 고을현 |
| 家 집가 | 給 줄급 | 千 일천천 | 兵 군사병 |

【해설】

　한패공(漢沛公, 劉邦)이 천하를 평정하여 한(漢)나라를 세우고 시행한 제도의 하나로, 공신들에게 지역을 나누어 주어 제후국(諸侯國)으로 삼고, 각각 군사 일 천 명씩을 나누어 주었다는 것이다.

　호(戸)는 집을 통칭(通稱)하여 백성들의 한 가구를 말한다.

　가(家)는 경대부(卿大夫)의 집 또는 그가 받은 봉토(封土 : 제후로 봉하면서 다스리도록 내려준 땅)인 채읍(采邑, 食邑)으로 오늘날의 일반 가정인 가(家)와는 구별 된다.

高冠陪輦 驅轂振纓

고 관 배 련 구 곡 진 영

　높은 관을 쓴 대신들이 임금의 수레를 모시니 수레가 달릴 때에 갓 끈이 휘날린다.

高 높을 고　　冠 갓 관　　　陪 모실 배　　輦 가마 련(연)
驅 몰 구　　　轂 바퀴통 곡　振 떨 진　　　纓 갓끈 영
　　　　　　　　　　　　　　　떨칠 진

【해설】
　군주(君主)가 행차할 때의 모습이다.

　연(輦)은 두 사람이 끌고 가는 수레였으나, 진(秦)나라 이후에는 제왕(帝王)이나 후비(后妃)의 수레만을 뜻하게 되었다.

世祿侈富 車駕肥輕
세 록 치 부 거 가 비 경

대대로 이어지는 봉록은 크게 부유하여, 수레를 타고 다니는
데 말은 살찌고 입은 갖옷은 가벼웠다.

世	인간 세	祿	봉록 록	侈	클 치	富	넉넉할 부
	세상 세				사치할 치		
車	수레 거	駕	탈 가	肥	살찔 비	輕	가벼울 경
			멍에 가				

【해설】

세록(世祿)은 대대(代代)로 이어서 받는 나라의 녹봉(祿俸)으로 개국(開國) 등 나라에 공로(功勞)가 있는 신하(臣下)인 공신(功臣)에게 주어졌다.

공신(功臣)들은 그들이 타는 수레도 보통의 수레와 달랐으며, 동물의 가죽옷인 보통의 갖옷은 두껍고 무겁지만, 무두질하여 가공한 얇고 가벼우며 부드러운 고급의 옷을 입었던 것이다.

거가비경(車駕肥輕)을 거경가비(車輕駕肥)에서 경(輕)의 운으로 도치되고 말(馬)이 생략된 <乘>車輕 駕<馬>肥로 되어, 수레의 말은 살찌고 수레는 가볍다고 대부분 해석하지만, 비경(肥輕)을 논어(論語)의 승비마 의경구(乘肥馬 衣輕裘)로 보아서, 수레를 타고 다니는데 수레 끄는 말은 살찌고 수레에 타고 있는 사람(世祿大夫)이 입은 갖옷은 가벼웠다가 더욱 통한다.

적(公西赤 : 子華)이 제(齊)나라에 갈 때에 살찐 말을 타고 가벼운 갖옷을 입었다. 나는 들은 것이 있으니 군자(君子)는 곤궁하여 절박한 사람을 구휼해 주고, 넉넉한 사람에게는 더 보태어 주지 않는다.

→ 赤之適齊也에 乘肥馬하며 衣輕裘하니 吾는 聞之也하니 君子는 周急이요 不繼富라 (論語 雍也篇 第3章)

66 策功茂實 勒碑刻銘

책 공 무 실 륵 비 각 명

공적을 기록하여 상을 크게 내리고 비석을 세워서 공적의 글을 새겼다.

策 기록할 책   功 공공   茂 우거질 무   實 열매 실
  꾀 책

勒 새길 륵   碑 비석 비   刻 새길 각   銘 새길 명
  굴레 륵

【해설】

군주(君主)는 신하가 큰 공로를 세우면 그 사실을 기록하게 하고 포상하며, 그 공적(功績)을 후세에 전하여 본보기로 삼기 위하여 공적비(功績碑)를 세웠던 것이다.

실(實)은 상으로 내려지는 녹봉(祿俸: 벼슬아치에게 주는 급료)이나 벼슬(爵位)이다. 명(銘)은 금석(金石)이나 기물(器物) 따위에 글이나 문양을 새기는 것을 말한다.

다른 해석]

큰 공이 이루어지도록 꾀하여 그 공이 크게 이루어지면 비석을 세우고서 글을 새겼다.

책공(策功)과 무실(茂實)에 대한 해설이 분분(紛紛)하다.

책공(策功): 공(功)을 세우고자 꾀하다. 공(功)을 헤아리다.
무실(茂實): 실적을 힘쓰게 하다. 포상을(열매가) 크게 하다.

磻溪伊尹 佐時阿衡

반 계 이 윤 좌 시 아 형

　반계의 강태공 여상(呂尚)은 때를 도왔고, 은(殷)나라 재상 이
윤(伊尹)은 아형(阿衡)이 되었다.

磻 물이름 반　　溪 시내 계　　伊 저 이　　尹 다스릴 윤
　　　　　　　　　　　　　　　　　　　　　　　성씨 윤

佐 도울 좌　　時 때 시　　阿 언덕 아　　衡 저울대 형

【해설】

　반계(磻溪)는 위수(渭水)로 흐르는 지류인데, 강태공(姜太公)이 낚시로
소일하다가 주(周)나라 문왕(文王)의 초빙으로 스승 겸 재상이 되었으므로
반계(磻溪)가 강태공의 별호가 되었다. 강태공(姜太公)은 문왕(文王)의 뒤
를 이은 무왕(武王)을 도와 은(殷)나라의 주왕(紂王)을 정벌하여 주(周)나
라를 세웠고 뒤에 봉토를 받아서 제(齊)나라를 건국한다. 이름은 상(尚)이
고 강태공(姜太公), 여망(呂望)이라도 한다.

　여상이 반계에서 낚시질하다가 옥황(玉璜 : 반원형 옥)을 얻었는데, '희
성(姬姓 : 周나라의 國姓)이 천명(天命)을 받는데 여씨(呂氏)가 시대를 돕는
다.'는 글이 있었다.

　→ 呂尚이 釣磻谿라가 得玉璜하니 有文曰 姬受命에 呂佐時라하니라

　좌시(佐時)는 시대의 요구에 부응하도록 도왔다. 즉 새로운 왕조가 일
어날 때에 도왔다는 것을 말한다.

　아형(阿衡)은 벼슬이름으로 보는데 탕(湯)왕이 이윤(伊尹)을 높여서 부
른 것이라고도 한다. (임금이 의지하고 표준으로 삼았다는 의미이다.)
　이윤(伊尹)은 원래 사람 이름이 아니었는데, 그가 이수(伊水) 강가에서
태어났고 탕왕(湯王)을 도와서 우상(右相) 즉 윤(尹)이 되었다고 하여 붙

여진 칭호이다.

이윤(伊尹)은 하(夏)나라 걸왕(傑王)의 폭정(暴政)에 탕왕(湯王)을 도와서 하(夏)나라를 멸망시키고 상(商)나라를 건립하는 공을 세운 재상이다. 탕왕이 죽고 아들들도 짧은 재위로 단명하자 탕왕의 손자인 태갑(太甲, 후일 文王)이 왕위에 올랐는데, 태갑(太甲)이 무도하자 군주인 태갑(太甲)을 선왕의 묘가 있는 곳인 동궁(桐宮)으로 보내놓고, 3년간 섭정을 하다가 잘못을 뉘우치자 정사를 돌려주었다고 한다.

신하로서 그 공적(功績)을 금석(金石)에 새겨 둘 수 있는 사람으로 태공망 여상(太公望 呂尙)과 이윤(伊尹)을 거론하였다.

奄宅曲阜 微旦孰營

엄 택 곡 부 미 단 숙 영

노(魯)나라 곡부에 크게(덮어서) 터 잡으니, 주공(周公) 단(旦)
이 아니면 누가 경영하였겠는가?

奄 가릴 엄   宅 집 택   曲 굽을 곡   阜 언덕 부
　 문득 엄

微 아닐 미   旦 아침 단   孰 누구 숙   營 경영할 영
　 작을 미

【해설】

　주공 단(周公 旦)이 노(魯)나라를 분봉(分封) 받아서 도읍을 곡부(曲阜)
로 정하여 나라를 경영하였으니, 오직 주공 단(周公 旦)이 아니고는 그
큰 터를 잡아 오래도록 경영할 이가 과연 누가 있었겠는가? 하며 주공을
찬양하는 것이다.

　곡부(曲阜)는 노(魯)나라 수도이고, 엄택(奄宅)은 크게 터 잡다. 또는 어
루만지고 안정시킨다는 의미이다.

　주공(周公)은 주(周)나라의 기틀을 마련한 문왕(文王)의 넷째 아들이자,
주나라를 건립한 무왕(武王)의 동생으로 주공(周公)은 노(魯)나라의 제후에
봉해져 노(魯)나라의 시조가 되었다.

　단(旦)은 이름이다. 무왕(武王)이 죽고 어린 아들(成王)이 즉위하니 7년
동안 섭정하고, 성왕(成王)이 장성하자 섭정을 거두고 신하로 돌아가 성
왕을 보필하여, 예악(禮樂)과 법도(法度)를 제정해 제도문물을 창시하였으
니 공자(孔子)는 주공(周公)을 성인(聖人)으로 추앙하였다. 성왕(成王)을 보
필하느라 노(魯)나라는 주공(周公)의 아들 백금(伯禽)이 다스렸다.

　태왕(太王)인 고공단보(古公亶父)가 주원(周原) 땅에 머무른 것을 시작으

로 그의 손자 창(昌, 文王)의 때에 천하의 2/3를 확보하고, 문왕(文王)의 아들 발(發, 武王)에 이르러 상(商. 殷)나라를 멸하고 호경(鎬京, 지금의 西安)에 도읍을 정하여 국호(國號)를 주(周)라고 하였다.

이때부터(B.C 1122년) 주평왕(周平王)이 낙양(洛陽)으로 도읍을 옮긴 때 까지(B.C 770년)를 서주(西周)라 하며, 그 이후를 동주(東周)라고 하는데 동주(東周)의 시대가 춘추시대(春秋時代)이다.

다른 해석]

노(魯)나라를 다스려 안정시키니, 주공(周公) 단(旦)이 아니면 누가 경영하였겠는가! → 엄택(奄宅)을 '잘 다스려 안정시키다.'로 해석하였다.

문득 노(魯)나라를 터 잡으니, 주공(周公) 단(旦)이 아니면 누가 경영하였겠는가! → 엄택(奄宅)을 '문득'으로 해석하였다.

69 桓公匡合 濟弱扶傾

환 공 광 합 제 약 부 경

제(齊)나라 환공(桓公)은 제후들을 규합(糾合)하여 천하를 바르게 하고, [周나라가] 약한 것을 구제하여 기우는 나라를 붙잡아 주었다.

桓 군셀 환	公 공평할 공	匡 바를 광	合 합할 합
濟 구제할 제 건널 제	弱 약할 약	扶 도울 부	傾 기울 경

【해설】

제환공(齊桓公)은 제(齊)나라의 15대 군주로 이름은 소백(小白)이다. 관포지교(管鮑之交)의 관중(管仲)과 포숙아(鮑叔牙) 등의 현신들을 등용하여, 내정(內政)과 외치(外治)를 힘써 강성한 나라가 되어서 천하 제후들을 아홉 차례나 소집하고, 규구(葵丘)에서 맹약(盟約)을 하는 회맹(會盟)을 주도하여 춘추오패(春秋五覇)의 으뜸이 되었다.

춘추오패(春秋五覇)는 춘추시대에 제후 중에 세력이 강성하여 패자(覇者)가 된 회맹(會盟)의 다섯 맹주(盟主)를 말한다. 제환공(齊桓公)은 주(周)나라를 천자(天子)로 여전히 받들면서 오랑캐를 물리쳐 천하를 태평하게 한다는 존왕양이(尊王攘夷)의 명분으로 패자(覇者)를 자처하였다. 이와 같은 패자로는 이설(異說)이 있지만 제(齊)나라의 환공(桓公), 진(晋)나라의 문공(文公), 진(秦)나라의 목공(穆公), 송(宋)나라의 양공(襄公), 초(楚)나라의 장왕(莊王)을 말한다.

제환공(齊桓公)이 제후들을 규합하되 무력을 쓰지 않다.

→ 桓公九合諸侯하되 不以兵車니라 (論語 憲問篇)

제환공(齊桓公)이 제후의 패자가 되어 천하를 바로잡다.

   → 桓公霸諸侯하여 一匡天下라 (論語 憲問篇)

주(周)나라는 제10대 여왕(厲王)이 쫓겨나고, 제12대 유왕(幽王)은 하(夏)나라의 걸왕(桀王)의 전철을 밟는 폭정을 하였으며, 제13대 평왕(平王)은 도읍을 옮기기 까지 하였으나 천자국(天子國)으로서 권위는 이미 실추되었다. 대의명분으로 천자(天子)를 존경하고 이민족을 물리치며, 끊어진 나라의 종묘(宗廟)와 국통(國統)을 이어 주고 멸망한 소국(小國)들을 구원하여 복국(復國)시켜 주어서, 천하의 안녕과 봉건제도하에서의 질서를 수호하겠다는 의지를 천명하였던 것이다.

   → 공자(孔子)는 천자(天子)의 지위를 존중하고 백성을 구휼한 것으로 좋게 평가하나, 맹자(孟子)는 사욕을 위한 인의(仁義)를 가장(假裝)한 것이라고 힐난(詰難)한다.

천하의 제후들이 모여서 국제정치 질서를 재정립하는 회의가 회맹(會盟)으로, 제후(諸侯)들 사이가 원만(圓滿)하지 않을 때에 서로 만나서 협약(協約)을 하고 이를 잘 준수(遵守)할 것을 신명에게 맹세(盟誓)하는데, 이 회의에서 맹주(盟主)가 우두머리인 패자(霸者)이다.

70 綺回漢惠 說感武丁

기 회 한 혜 열 감 무 정

　기리계(綺里季)는 한(漢)나라 혜제(惠帝)의 지위를 돌려놓았고, 부열(傅說)은 상(商)나라 임금 무정(武丁)과 감응하였다.

綺 비단 기	回 돌 회	漢 나라이름 한	惠 은혜 혜
說 기쁠 열 말씀 설	感 느낄 감	武 호반 무	丁 고무래 정

【해설】

　한고조(漢高祖) 유방(劉邦)은 여후(呂后)의 몸에서 난 아들(惠帝 혜제)을 태자로 삼았으나, 뒤에 척(戚) 부인의 소생인 조왕(趙王, 如意)을 태자로 삼으려고 하였다. 여후는 장량(張良)과 상산사호(商山四皓)의 도움으로 한고조의 마음을 돌려서 폐위의 위기에 있었던 혜제(惠帝)의 지위를 확보하였다. 유방(劉邦)의 사후에 여태후(呂后)는 극악무도한 섭정을 하였다.

　상산사호(商山四皓)는 기리계(綺里季)·동원공(東園公)·하황공(夏黃公)·녹리선생(甪里先生)으로 모두 수염과 눈썹이 하얗기 때문에 상산사호라고 불리었다. 진나라의 학정(虐政)을 피해 은둔하였는데 한(漢) 고조(高祖) 유방(劉邦)의 부름에 응하지 않았다.

　부열(傅說)은 상(商)나라의 고종(高宗, 武丁)이 꿈에 본 성인(聖人)으로, 꿈에 본 얼굴을 그려 천하에 널리 찾아서 정승으로 세우니, 이는 부열(傅說)이 무정(武丁)의 꿈속에서 감동시킨 것이다. 무정(武丁)에게 발탁되어 그를 도와 나라를 크게 중흥시켜 부(傅)라는 성(姓)을 받았고 이름을 열(說)이라 하였다.

71 俊乂密勿 多士寔寧

준 예 밀 물 다 사 식 녕

준재(俊才)들이 부지런히 힘쓰고 선비가 많으니 진실로 편안하다.

俊 준걸 준	乂 뛰어날 예 벨 예	密 빽빽할 밀	勿 말 물
多 많을 다	士 선비 사	寔 진실로 식 이 식	寧 편안할 녕

【해설】

준재(俊才)는 재주와 슬기가 뛰어난 인물이다.

밀물(密勿)은 부지런히 힘쓰고 노력하는 것을 말하는데, 물(勿)은 사람을 모이게 하는 깃발의 모습으로 재촉하여 힘쓰게 하는 것(힘쓰다)을 뜻하였다.

면강(勉强), 민면(黽勉), 문막(文莫)도 부지런히 힘쓰고 노력하는 뜻으로 쓰이는데, 좋아해서 열심히 하는 것 보다는 당위성(當爲性)에 의한 비자발적인 의지가 있는 것으로, 원래 글자의 뜻과는 다르게 새로운 의미로 굳어져서 쓰이는 관용어(慣用語)이다.

중국어에서는 면강(勉强)을 '억지로, 마지못해'라는 의미로 사용한다. 힘들여 노력한다는 의미는 억지로 공부를 해야 한다는 '의지'가 포함되어 있는 것이다. 일본어에서의 공부는 벵쿄(勉强 : べんきょう)라고 하는데 '힘써 강하게 한다'는 뜻이다.

준예(俊乂)는 서경(書經) 고요모(皐陶謨)의 준예재관(俊乂在官)에서 인용하였다.

102

서경(書經) 고요모(皐陶謨)

　[천자가] 아홉 가지 덕을 다 실행하면, 천 사람 몫의 뛰어난 사람(俊)과 백 사람 몫의 훌륭한 사람(乂)이 관직에 있게 되고 여러 관리들이 서로 본받을 것이며, 여러 기능공들이 때에 맞게 하여 오성(五星, 金木水火土)의 운행(사계절의 변화)에 순응하니, 여러 가지 업적들이 이루어질 것입니다.

九德咸事하면 俊乂在官하고 百僚師師하며 百工惟時하여 撫于五辰하니　庶績其凝하리이다.(書經　皐陶謨)

　　ㅡ 고요모(皐陶謨)는 순(舜)임금이 정사를 논할 때, 고요(皐陶)와 우(禹)가 나라를 다스리는 데 대하여 토론한 것을 기록한 것이다.

　　ㅡ 고요(皐陶)는 순(舜)임금의 신하로서 형벌을 다스리는 사(士)의 관직을 지낸 사람이다. 우(禹)는 치수(治水)를 성공하고 순(舜)임금의 제위를 계승하여, 하(夏) 왕조를 열었고 천자의 세습이 시작되었다.

　　ㅡ 준(俊)은 1천 명 중에서 뛰어난 사람, 또는 1천 명의 몫을 하는 사람(俊傑)이다.

　　ㅡ 예(乂)는 1백 명 중에서 뛰어난 사람, 또는 1천 명의 몫을 하는 사람(才士)이다.

　밀물(密勿)은 시경(詩經) 소아(小雅) 십월지교(十月之交)의 '부지런히 종사에 힘쓰나 감히 노고를 말하지 않는다.'(密勿從事 不敢告勞)에서 인용하였다.

　다사(多士)는 시경(詩經) 대아(大雅) 문왕편(文王篇)의 '유능한 많은 선비가 있어 문왕이 편안하다.'(濟濟多士 文王以寧)에서 인용하였다.

晉楚更霸 趙魏困橫

진　초　경　패　조　위　곤　횡

　진나라와 초나라가 번갈아 패권을 잡았고, 조나라와 위나라는 연횡책(連橫策)으로 곤경에 빠졌다.

| 晉 나라 진 | 楚 나라 초 | 更 고칠 경
다시 갱 | 霸 으뜸 패 |
| 趙 나라 조 | 魏 나라 위 | 困 곤란할 곤 | 橫 가로 횡 |

【해설】

　춘추 시대(春秋時代)에 두 번째로는 진문공(晉文公)이, 세 번째로는 초장왕(楚莊王)이 패자(霸者)가 되었다.

　춘추 시대에 두 번째 패권국이었던 진(晉)나라가 지씨(知氏)·조씨(趙氏)·한씨(韓氏)·위씨(魏氏)·순씨(荀氏)·범씨(范氏) 등 육경(六卿)의 세력에게 밀리고, 한씨(韓氏)·위씨(魏氏)·조씨(趙氏)가 진(晉)나라를 삼분(三分)하여 차지하니, 주(周)나라 왕실은 천자의 권위를 잃어서 전국시대(戰國時代)가 시작되었다.

　전국시대 일곱 나라(戰國七雄)인 진(秦), 조(趙), 위(魏), 초(楚), 한(韓), 제(齊), 연(燕)나라가 있었는데 진(秦)이 강성하자, 소진(蘇秦)이 남북인 세로로 여섯 나라가 연합하여 서쪽의 진(秦)나라 대항한 것이 합종책(合縱策)이고, 진(秦)나라의 장의(張儀)가 동쪽의 나머지 나라들이 가로로 연합하여 진(秦)나라를 섬겨야 한다는 것이 연횡책(連衡策)이다. 장의(張儀)가 승리한다. 이로 인해 진시황(秦始皇)의 진(秦)나라로 통일하게 되는데 B.C 221년이다.

73 ┃ 假途滅虢 踐土會盟

가 도 멸 괵   천 토 회 맹

　진헌공(晉獻公)은 길을 빌려서 괵나라를 멸망시키고, 진문공
(晉文公)은 천토에 제후들을 모아서 맹세하게 하였다.

假 빌릴 가　　途 길 도　　滅 멸할 멸　　虢 나라이름 괵
　거짓 가

踐 밟을 천　　土 흙 토　　會 모일 회　　盟 맹세할 맹

【해설】

　(69)의 桓公匡合과 踐土會盟은 패자가 제후들을 모이게 한 것은 형식은
비슷하나 그 내용에서는 차이가 있다. 제환공(齊桓公)은 진실로 주(周)나
라에 충성을 보인 것이며, 진문공(晉文公)은 천자를 등에 업고 제후에게
위세를 떨친 것으로 평가한다.

　　진문공(晉文公)은 속임수를 쓰고 정도를 쓰지 않았으며, 제환공(齊桓
　　公)은 정도를 쓰고 속임수를 쓰지 않았다.

　→ 晉文公은 譎而不正하고 齊桓公은 正而不譎하니라 (論語 憲問篇)

　　환공(桓公)은 초(楚)나라를 칠 때에 의리에 의거하여 정론을 지켜서
　　속임수를 쓰지 않았으니, 그래도 환공이 문공 보다 낫다고 하는
　　것이다. 문공(文公)은 위(衛)나라를 쳐서 초(楚)나라를 불러들이고
　　음모(陰謀)를 써서 승리를 취하였다.

　진(晉)나라에서 가까운 우(虞)나라와 괵(虢)나라는 주(周)나라의 제후국
으로 두 나라는 국토가 인접해 있었다. 진헌공(晉獻公)이 수극(垂棘)이란
지방에서 나온 구슬(垂棘之璧 수극지벽)과 굴(屈)이란 지방의 말(屈産之乘
굴산지승)을 우(虞)나라에 보내어 길을 빌려서(假途) 괵(虢)나라 침략한 것
이다.

이때 우(虞)나라의 궁지기(宮之奇)라는 현명한 신하는 입술이 망(亡)하면 이(齒)가 시리다고하면서(脣亡齒寒 순망치한), 우리의 우(虞)나라와 괵(虢)나라는 입술과 이처럼 서로 돕고 있었기 때문에, 괵(虢)나라가 망하면 그 다음은 우(虞)나라에 닥쳐온다고 간하였으나, 듣지 않아서 결국 우(虞)나라도 침략 당하였다.

→ 임진왜란(壬辰倭亂)을 일으킨 일본의 풍신수길(豊臣秀吉)이 명(明)나라를 정벌할 것이니 조선은 길을 빌려 달라고 하는 가도정명(假途征明)과 비슷한 것이다.

진문공(晉文公)은 진헌공(晉獻公)의 아들인데, 천토(踐土, 地名)에서 중원 제후들을 소집하여 회맹(會盟)의 맹주(盟主)가 되었다.

何遵約法 韓弊煩刑

하 준 약 법 한 폐 번 형

소하(蕭何)는 법을 간략하게 하여 백성들이 지켜서 따랐고, 한 비자(韓非子)는 형벌을 번거롭게 하여(복잡하고 가혹하여) 백성들에게 폐단(弊端)이 되었다.

何 어찌 하	遵 좇을 준	約 간략할 약 약속할 약	法 법 법
韓 나라이름 한	弊 폐단 폐 해질 폐	煩 번거로울 번	刑 형벌 형

【해설】

한고조(漢高祖)때 소하(蕭何)는 간략하게 만든 법(約法三章)만을 엄격히 집행하니 백성들은 이를 지켜서 따랐고, 한비자(韓非子)의 형벌은 복잡하고 가혹하여 백성들을 억압하였다.

소하(蕭何)는 한고조(漢高祖)가 한(漢)의 재통일을 이룩하게 한 명신(名臣)인 삼걸(三傑)의 한 사람이다. 삼걸(三傑)은 명재상(名宰相) 소하(蕭何)・대장군(大將軍) 한신(韓臣)・군사(軍師) 장량(張良)을 말한다, 전국시대(戰國時代)가 진(秦)나라의 천하통일로 막을 내렸으나 진(秦)나라 또한 오래가지 못하고 혼란하여, 항우(項羽)와 유방(劉邦)이 천하를 놓고 격돌하여 유방(劉邦)이 승리하고, 한(漢)나라의 시대가 되어 진(秦)나라의 법령을 폐기하고 약법삼장(約法三章)을 제정하였는데 소하(蕭何)가 이를 엄격히 준수하여 집행한 것이다.

약법삼장(約法三章) → 殺人者死 傷人者及盜抵罪
사람을 죽인 자는 죽이고, 남을 상해하거나 남의 물건을 훔친 자는 그에 따라 벌한다.

한비자(韓非子)는 국가를 경영하기 위해서는 강력한 왕권을 바탕으로 하는 법제화된 제도와, 법의 엄격한 집행을 강조하는 법가사상(法家思想)을 역설하였다.

진(秦)나라는 이러한 법가사상(法家思想)을 받아들여 법률 지상주의의 나라였으니, 세세(細細)한 부분까지 법률로 정해져 백성들은 가혹한 형법(刑法)에서 헤어나지 못하였다.

한비(韓非)는 성악설(性惡說)을 주장한 순자(荀子. 荀卿)의 제자인데 진왕(秦王) 정(政 : 秦始皇)에게 발탁되고자 하였으나, 동문수학한 이사(李斯)에 의해 죽게 되고 그의 법가사상(法家思想)만이 진(秦)나라에서 시행되었다.

폐(弊)는 폐단(弊端)으로 옳지 못하고 해로운 현상이다. 폐(弊)를 '그치다.'로 보아서 따를 수 없게 하였다는 것으로 해석 할 수도 있다.

→ 소하(蕭何)는 간략한 법(約法三章)으로 백성들이 지켜서 따르게 하였고 한비자(韓非子)는 번거로운 형벌로 백성들이 지켜서 따르는 것을 그만두게 하였다. (가혹하고 세세하여 따를 수 없게 하였다.)

75 起翦頗牧 用軍最精

기 전 파 목 용 군 최 정

백기(白起)·왕전(王翦)·염파(廉頗)·이목(李牧)은 군사를 운용하는 것에 아주 뛰어 났다.

起 일어날 기	翦 자를 전	頗 자못 파	牧 칠 목
用 쓸 용	軍 군사 군	最 가장 최	精 빼어날 정
			정할 정

【해설】

사마천(司馬遷)의 사기(史記)에 자세히 기록되어 있는 전국시대(戰國時代)의 명장(名將)들이다.

백기(白起)·왕전(王翦)은 진(秦)나라 장수이고, 염파(廉頗)·이목(李牧)은 조(趙)나라 장수이다.

76 宣威沙漠 馳譽丹靑

선 위 사 막 치 예 단 청

멀리 사막에까지 위세가 퍼졌고, 공신각(功臣閣)의 단청으로
명예를 전하였다.

宣	베풀선	威	위엄위	沙	모래사	漠	사막막
馳	전할치 달릴치	譽	기릴예	丹	붉을단	靑	푸를청

【해설】

　명장(名將)들은 위엄을 사막에까지 떨쳤는데, 한(漢)나라의 선제(宣帝)는
11명의 공신(功臣)을 한(漢)나라의 정전(正殿)인 미앙궁(未央宮) 안의 기린
각(麒麟閣)에 그리게 하고, 후한(後漢)의 명제(明帝)는 공신을 남궁의 운대
(雲臺)에 그리게 하였으니, 그들의 명성은 단청(丹靑)으로 그려져 후세에
전했다는 뜻이다. 당(唐)나라 태종(太宗) 때에는 능연각(凌烟閣)에 그렸다.

　이때 한(漢)나라의 선제(宣帝)가 기린각(麒麟閣)에 초상화를 거는 것에
서, 재주가 남달리 뛰어나고 총명해 장래가 촉망받는 젊은이를 가리
키는 기린아(麒麟兒)는, 훗날 기린각(麒麟閣)에 그려질 아이라는 의미
로 불려지게 된 것이다.

九州禹跡 百郡秦幷

구 주 우 적 백 군 진 병

구주(九州)는 우임금이 구획한 자취이고, 모든 군(郡)은 진시황이 병합한 것이다.

九 아홉 구 州 고을 주 禹 임금 우 跡 자취 적
百 일백 백 郡 고을 군 秦 나라 진 幷 아우를 병

【해설】

우(禹)임금이 치수(治水)에 성공하고 구주(九州)로 나누었고, 진시황(秦始皇)은 전국(全國)을 통일한 후 봉건제(封建制)에서 군현제(郡縣制)로 개편하였다.

진(秦)나라 진시황(秦始皇) 때에 이르러 조(趙), 위(魏), 초(楚), 한(韓), 제(齊), 연(燕)의 6국을 멸망시키고 천하를 하나로 합병하여. 천하를 황제가 중앙을 다스리고 지방은 제후를 책봉하여 다스리는 봉건제(封建制)를 없애고, 중앙은 물론 지방도 직접적으로 다스리는 군현제(郡縣制)로 하여 천하를 36군(郡)으로 나누고 그 아래에 현(縣)을 두었다가, 한(漢)나라 때에 다시 나누어 103군으로 하였다.

구주(九州)는 각 제후국의 봉토를 분할하는 기준이 되었으며 전체의 영토가 넓다는 상징적 의미이고, 백군(百郡)은 100개의 군(郡)이 아니라 모든 군(郡)을 거론한 것이다. (百 : 모든, 여러)

78 嶽宗恒岱 禪主云亭

악 종 항 대 선 주 운 정

　산(嶽)은 항산(恒山)과 태산(泰山)을 제일의 근원으로 삼았고, 땅에 지내는 제사인 선제(禪祭)는 태산에 있는 운운산(云云山)과 정정산(亭亭山)에서 주관(主管)하였다.

嶽 큰산 악	宗 마루 종	恒 항상 항	岱 태산 대
禪 터 닦을 선 　 선 선	主 주인 주	云 이를 운	亭 정자 정

【해설】

　오악(五嶽)을 5년에 한 번씩 순행(巡行)하며 제사를 지내는데 그 중에서 항산(恒山)과 대산(岱山)을 으뜸으로 높였던 것이다.

　운운산(云云山)과 정정산(亭亭山)은 태산(泰山)의 작은 산인데, 삼황오제(三皇五帝)가 봉선(封禪)의 제사를 지내던 산으로 가장 소중하게 여기고 봉선(封禪)의 제사를 주관(主管 : 모두 맡아서 관리함)하였다.

　시경 대아편에 산이 크고도 높은 것을 숭(崧)이라 하고, 악(嶽)은 산 가운데 존귀한 산으로 동쪽은 태산(岱山, 泰山) 남쪽은 곽산(霍山, 衡山) 서쪽은 화산(華山) 북쪽은 항산(恒山)이 그것이다.

　　→ 山大而高曰崧이요 嶽山之尊者로 東岱南霍西華北恒이 是也라
　　(詩經 大雅篇)

　※ 오악(五嶽)에서 중악(中嶽)은 숭산(嵩山)이다.

　오악(五嶽)은 오행설(五行說)에 따른 것인데, 우리나라의 조선시대에 금강산·묘향산·지리산·백두산·삼각산을 오악(五嶽)으로 삼았다.

　사기정의(史記正義) : 태산 위에 흙을 쌓아 단을 지어서 하늘의 공덕을

갚는(제사를 드리는) 것을 봉(封)이라 하며, 태산 아래 작은 산 위의 땅을
평평하게 고르고 땅의 공덕을 갚는(제사를 지내는) 것을 선(禪)이라 한다.

→ 泰山上에　築土爲壇以祭天하여　報天之功故曰封이요　泰山下에
小山上除地하여　報地之功故曰禪이라 (史記正義)

雁門紫塞 鷄田赤城

안 문 자 새 계 전 적 성

나라의 외곽(변경)에 안문(雁門)과 자새(紫塞), 계전(鷄田)과 적성(赤城)의 지역이 있다.

雁 기러기안	門 문 문	紫 붉을자	塞 변방새 막을색
鷄 닭 계	田 밭전	赤 붉을적	城 재성 성성

【해설】

안문(雁門)은 서북쪽 변방에 있는 관문(關門)의 하나인 안문관(雁門關)이며, 자새(紫塞)는 북쪽 국경의 만리장성(萬里長城)부근이다. 계전(鷄田)은 대륙의 서쪽이고 적성(赤城)은 동북쪽 만리장성(萬里長城) 밖의 국경지역이다.

네 곳은 영토의 광활함을 멀리 변경의 지역을 대표하여 거론하여 설명한 것이다.

昆池碣石 鉅野洞庭

곤 지 갈 석   거 야 동 정

곤명지(昆明池)와 갈석산(碣石山)과 거야(鉅野)라는 습지와 동정호(洞庭湖)가 있다.

昆 맏곤　池 못지　碣 비갈　石 돌석
鉅 클거　野 들야　洞 골동　庭 뜰정
　　　　　　　　　　고을 동

【해설】
　고대 중국의 유명한 호수·산·평야·늪지대를 설명한다.

　곤지(昆池)는 중국 대륙의 서남쪽 운남성(雲南省)에 있는 곤명지(昆明池)로 천축국(天竺國, 印度)로 가는 통로(通路)이자 중요한 무역로(貿易路)였다.
　갈석(碣石)은 하북성(河北省)에 있는 갈석산(碣石山)이다.
　거야(鉅野)는 고대 중국의 유명한 큰 늪지대로 태산(泰山)의 동쪽에 있었다.
　동정호(洞庭湖)는 호남성 북부와 양자강 남안에 위치한 담수호(潭水湖)로 넓고 풍경이 매우 뛰어난 것으로 유명하다.

曠遠綿邈 巖岫杳冥

광 원 면 막   암 수 묘 명

[들판은] 멀리 멀리 아득하게 펼쳐 있고, 산봉우리는 가파르고 물은 아득하고 깊다.

曠	멀 광 빌 광	遠 멀 원	綿 이어질 면 솜 면	邈 멀 막
巖	험할 암 바위 암	岫 산봉우리 수	杳 아득할 묘	冥 어두울 명

【해설】

아득히 멀리 펼쳐진 들판과 가파르고 웅장한 산봉우리와, 아득하고 깊은 하천의 모습을 표현하였다.

암수(巖岫)는 산이 높아서 오를 수 없는 것이고, 묘명(杳冥)은 물이 깊어서 헤아릴 수 없는 것이다.

제3장 치세(治世)의 길

국가(國家) 공동체(共同體)가 원만하게 유지되고 관리되는 치세(治世)의 기본 질서와, 일반 백성들의 본보기가 되어야하는 위정자(爲政者)와 관리(官吏)의 처신(處身)에 대해 설명한다.

治本於農 務茲稼穡

치 본 어 농 무 자 가 색

다스림은 농사를 근본으로 하니, 이에 심고 거두는 일을 힘쓰게 한다.

治 다스릴 치	本 근본 본	於 어조사 어	農 농사 농
務 힘쓸 무	茲 이 자	稼 심을 가	穡 거둘 색
	무성할 자		

【해설】

농사는 천하의 사람들이 살아가는 근본이다.

천자(天子)도 친히 밭을 갈고 황후(皇后)는 몸소 길쌈하는 것으로 모범을 보였으며, 국가를 건립하면 종묘(宗廟)를 세워 왕실의 조상을 기렸고, 종묘(宗廟)의 우측에는 사직단(社稷壇)을 세워 토지의 신(社, 사)과 곡식의 신(稷, 직)에게 제사를 지냈던 것처럼, 식량의 확보(농업)는 나라를 유지하는 근본이었으니 심고 거두는 일에 힘쓰도록 독려했던 것이다.

자(茲)는 '이에' 또는 어조사(語助辭)로 해석에서 생략하기도 한다.

83 俶載南畝 我藝黍稷

숙 재 남 묘 　 아 예 서 직

비로소 남쪽 밭을 일구었으니 나는 찰기장과 메기장을 심네!

俶 비로소숙	載 일굴 재 실을 재	南 남녘 남	畝 이랑 묘
我 나 아	藝 심을 예 재주 예	黍 기장 서	稷 피 직

【해설】

시경(詩經) 소아(小雅) 태전편(大田篇)은 농사를 수확하는 기쁨을 노래하고, 초자편(楚茨篇)은 세습 받은 토지에서 조상의 제사를 받드는 대부가 찰기장과 메기장 심으며 조상에 대해 공경하고 감사함을 노래한 것으로, 태전편(大田篇)에 있는 숙재남묘(俶載南畝)와 초자편(楚茨篇)에 있는 아예서직(我藝黍稷)을 인용하였다.

서(黍)는 찰기가 있는 찰기장이고 직(稷)은 찰기가 없는 메기장이다.

→ 논에서 자라는 잡초인 피는 제(稊, 돌피 제), 유(莠, 가라지 유)로서 다른 것이다.

稅熟貢新 勸賞黜陟

세 숙 공 신 권 상 출 척

익은 곡식으로 세금을 거두고 햇곡으로 공물(貢物)을 바치며, 관리들에게 상을 주어 권면하기도 하며 내치거나 올려주기도 한다.

| 稅 세금 세 | 熟 익을 숙 | 貢 바칠 공 | 新 새 신 |
| 勸 권할 권 | 賞 상줄 상 | 黜 내칠 출 | 陟 오를 척 |

【해설】

공물(貢物)은 신(神)이나 종묘(宗廟)에 바치는 제물(祭物)을 말하며, 시절(時節)에 새로 나온 곡식이나 과일을 먼저 신(神)에게 올리는 일을 천신(薦新)이라고 하는데, 옛날에 햇 미나리가 나오면 제일(第一) 먼저 임금에게 바친다는 것에서, 정성(精誠)을 다하여 드리는 마음을 헌근지성(獻芹之誠)이라고 한다.

관리들이 농사를 권면(勸勉 부지런히 힘쓰도록 권장함)하여 농사를 잘 지어 세금의 징수와 공납을 법도에 맞게 잘 하면, 군주(君主)는 담당관리에게 상을 주거나 관직(官職)을 높여 주기도 하고, 그 성적이 좋지 않으면 책임을 물어서 벌(罰)을 주어 관직(官職)을 낮추거나 내쫓기도 하였다.

孟軻敦素　史魚秉直

맹　가　돈　소　　사　어　병　직

맹자(孟子)는 본성(本性)을 돈독히 하고, 위(衛)나라 대부(大夫)인 사어(史魚)는 강직함을 지켰다.

孟	맏 맹	軻	수레 가	敦	도타울 돈	素	바탕 소 흴 소
史	역사 사	魚	물고기 어	秉	지킬 병 잡을 병	直	곧을 직

【해설】

맹가(孟軻)는 맹자(孟子)로서 사람은 모두 선한 본성을 갖고 있다고 보아 성선설(性善說)을 주장하였다. 때문에 마음 본바탕을 두텁게 길러야 하고 인의(仁義)로 정치를 해야 한다는 왕도정치(王道政治)를 역설하였다. 전국시대(戰國時代)에 살았던 사람으로 공자(孔子)의 다음 가는 성인(聖人)이라 하여 아성(亞聖)이라 하며, 맹자(孟子) 또한 공자(孔子)의 도(道)를 이어받은 적통임을 자부하였다.

사어(史魚)의 시간(屍諫)

사(史)는 관직 이름이다. 위(衛)나라 영공(靈公) 때에 거백옥(蘧伯玉)이 어질지만 쓰여 지지 않았고, 총애(寵愛)하는 미자하(彌子瑕)의 부족함을 사어(史魚)가 이를 걱정하여 몇 차례나 간하였지만 들어주지 않았다. 그가 병으로 죽어가면서 자식에게 부탁하기를, '내가 살아서는 임금을 바로잡지 못하였으니 죽어서도 올바른 예법에 따라 묻히기에 마땅치 않다. 여자들이 거처하는 동쪽 집채의 북쪽 집에 시신을 두는 것만으로도 충분하겠구나!'라고 하였다.
영공(靈公)이 찾아가 조문하면서 시신이 그곳에 있는 까닭을 묻자 아버지의 말을 그대로 전해주니, 영공(靈公)이 놀라서 얼굴빛을 바꾸면서, '당신께서는 죽어서도 시체로써 간하니(屍諫) 충성스럽다고 일컬을 만 하다.'라고 하였다.

공자(孔子)께서 말씀하기를, '곧도다, 사어여! 나라에 도(道)가 있을 때에는 화살처럼 곧고, 나라에 도가 없을 때에도 화살처럼 곧구나!' 라고 하였다.

  → 直哉史魚여 邦有道如矢하며 邦無道如矢라
    （論語 衛靈公篇）

庶幾中庸 勞謙謹勅

서 기 중 용 노 겸 근 칙

중용에 가깝기를 바란다면 부지런하고 겸손하며 삼가하고 경계해야 한다.

庶 바랄 서	幾 가까울 기	中 가운데 중	庸 떳떳할 용
여러 서	몇 기		
	거의 기		

勞 일할 로(노)	謙 겸손할 겸	謹 삼갈 근	勅 경계할 칙

【해설】

중용(中庸)은 인간의 본성(本性)으로써 중(中)은 마음의 지나치지도 모자라지도 않는 근본적인 실체를 말하고, 용(庸)은 마음의 변하지 않는 일상적인 작용을 말한다.

중(中)이란 치우치거나 기대지 않으면서 지나치거나 모자람이 없는 것을 말한다. 정자(程子)는 치우치지 않는 것이 중(中)이고 바뀌지 않는 것이 용(庸)이라 하니, 중(中)이란 온 누리의 바른 도리이고 용(庸)이란 온 누리의 결정된 이치이다.

→ 中者는 不偏不倚而無過不及之名이라. 程子曰 不偏之謂中이요 不易之謂庸이라 하니 中者天下之正道요 庸者天下之定理라.

주역(周易)에 수고로우면서도 겸손하여 군자가 잘 끝맺는 것이 상서롭다고 하니, 주석(註釋)에 오직 군자라야 편안하게 실천하고 겸손하게 순리를 따라서 늘 행하기 때문에, 오래도록 변하지 않아서 잘 끝맺는다고 일컫는 것이니 잘 끝맺으면 상서로운 것이다.

→ 易에 勞謙하여 君子有終이 吉이라하니 傳에 惟君子라야 安履謙順하여 乃其常行故로 久而不變하여 乃所謂有終하니 有終則吉也라.

87 聆音察理 鑑貌辨色

영 음 찰 리 감 모 변 색

백성의(다른 사람의) 소리(말과 음악)를 듣고 이치를 살피며
용모를 살펴서 기색(氣色 : 낌새)을 분별한다.

聆 들을 령(영)　音 소리 음　察 살필 찰　　理 이치 리
　　　　　　　　　　　　　　알 찰

鑑 거울 감　　貌 모양 모　辨 분별할 변　色 빛 색

【해설】

　일반 백성들은 혈기와 심지의 본성을 갖고는 있으나, 슬프고 즐겁고
기쁘고 노여워함에 일정함이 없어서, 사물이나 사건에 쉽게 감응하여 움
직이게 된 연후에는 마음의 흐름이 드러난다. 그러므로 군주는 백성들의
드러나는 소리에서 근심과 떳떳함과 경건함과 사악함을 살핀다.

　맹자(孟子)는 '말하는 것을 듣고 눈동자를 보면 그 사람이 어떻게 속일
수 있으리오!'라고 하였다. 사람에게 있어서 눈동자만한 것이 없으니, 눈
동자는 그 악함을 가리지 않는다. 가슴속이 바르면 눈동자가 밝고 가슴
속이 바르지 않으면 눈동자가 흐리다.

　→ 聽其言也요 觀其眸子면 人焉廋哉리오 (孟子 離婁上篇)

　다른 사람이 말을 할 때는 잘 경청하여 그 뜻을 헤아려서 알고, 다른
사람의 안색과 행동거지를 잘 살펴서, 그 마음을 헤아릴 줄 아는 지혜가
있어야 한다.

88 貽厥嘉猷 勉其祗植
이 궐 가 유   면 기 지 식

　그 아름다운 계책(善道)을 [자손에게] 물려주어야 하니 그것
이 다만 번식하기를 힘써야 한다.

貽 줄 이	厥 그 궐	嘉 아름다울 가	猷 꾀 유
勉 힘쓸 면	其 그 기	祗 다만 지	植 심을 식
		공경할 지	자랄 식

【해설】

　아름다운 계책이란 오직 이루어놓은 것을 지키고 온전히 하여 몸이 다
하도록 영화롭게 하고, 훌륭한 유산으로 후대에게 끝없이 전하는 것으로
이른바 어진 임금의 할 일이며, 충성스런 신하가 도모하여 자손들에게
물려주어야 하는 바르고 아름다운 도(善道)이다.

　좋은 정책(政策)을 세워서 잘 시행(施行)되도록 하는 것이 관리(官吏)의
도리(道理)이다. 군자(君子)는 자손들에게 물려줄 때에 마땅히 아름다운
계책(計策)으로 하여야 한다. 물려받은 아름다운 계책을 훼손하거나 없애
지 말고, 공경(恭敬)하여 좋은 도(道)가 더욱 자랄 수 있도록 힘써서 다시
물려주어야 한다.

다른 해석]

　그 아름다운 계책(善道)을 내놓고 그것을 공경하여 번식하기를 힘써야
한다.

　그 아름다운 계책(善道)을 물려주어야 하니 그것을 공경하여 심어주기
를 힘써야 한다.

省躬譏誡 寵增抗極

성 궁 기 계 총 증 항 극

자신을 살펴서 다른 사람들의 나무람을 경계하라! 총애가 더 할수록 저항(猜忌, 시기)은 세차게 된다.

省 살필 성	躬 몸 궁	譏 나무랄 기	誡 경계할 계
寵 사랑할 총	增 더할 증	抗 막을 항	極 세찰 극
		겨룰 항	지극할 극

【해설】

　자신을 늘 살펴서 그릇됨을 알아차려야 하고, 다른 사람의 비방을 받지 않도록 조심하고 경계해야 한다. 위상이 높아지거나 군주의 총애가 더해 갈수록 자신이 교만해지거나, 다른 사람의 시기(猜忌)와 모함이 더욱 더 이를 수 있는 것이다.

항룡유회(亢龍有悔)

　주역(周易 重天乾)에서 최고의 권세와 권위에 올랐을 때에 몸을 경계하지 않으면 후회가 있다고 하였다.

　－ 잠룡물용(潛龍勿用)
　　연못 깊숙이 있는 용은 아직 때가 아니니 덕을 쌓으며 때를 기다려야 한다.
　－ 현룡재전(見龍在田)
　　땅 위로 올라와 드러내어 중용의 도와 선을 행하며 덕을 널리 펴서 백성을 감화시키는 것이다.
　－ 비룡재천(飛龍在天)
　　하늘을 힘차게 나는 용은 제왕의 지위에 오르는 것을 의미한다.
　－ 항룡유회(亢龍有悔)
　　하늘을 지나치게 높이 오른 용은 떨어질 수밖에 없으니 후회가 있다. (盈不可久也 가득 찬 것을 오래할 수가 없다.)

※ 공자(孔子)는 '항룡(亢龍)은 너무 높이 올라갔기 때문에 존귀하나 지위가 없고, 너무 높아 교만하기 때문에 민심을 잃게 될 수도 있으며, 남을 무시하므로 현명한 사람의 보필도 받을 수 없다.' 라고 하였다.

다른 해석]

자기 몸의 나무랄 점과 경계할 점을 살펴라. 총애가 늘면 저항도 극에 달한다.

자신을 살펴서 남의 비방을 경계하라 군주의 총애가 늘면 교만함도 극에 달한다. (亢 '높다'로서 교만함으로 보았다.)

殆辱近恥 林皐幸即

태 욕 근 치 임 고 행 즉

모욕으로 위태롭고 부끄러움이 가까우면, 한적한 곳으로 나아
감이 행복하다.

殆 위태할 태	辱 욕될 욕	近 가까울 근	恥 부끄러울 치	
林 수풀 림(임)	皐 언덕 고 늪 고	幸 다행 행 갈 행	即 나아갈 즉 곧 즉	

【해설】

임고(林皐)는 숲이 있는 물가나 산천(山川)으로 한적한 곳을 말한다.

노자(老子)가 말하였다. "만족을 알면 욕되지 않고 그칠 줄 알면 위태
롭지 않으니 오래도록 지속할 수 있다."

→ 老子曰 知足不辱하고 知止不殆하니 可以長久라(道德經 第44章)

산림아! 언덕아!(한적하고 외진 곳이) 나를 흔쾌히 즐기게 하는 구나!

→ 山林與 皐壤與 使我欣欣然而樂與아 (莊子外 知北遊篇)

다른 해석]

위태롭고 욕됨은 부끄러움에 가까우니, 한적한 곳으로 떠나간다.

91 兩疏見機 解組誰逼

양 소 견 기 　 해 조 수 핍

두 소씨(疏廣, 疏受)는 기미(機微 : 조짐)를 보고 인수(印綬)의
끈을 풀고 물러가니 누가 핍박하겠는가?

兩 두 량(양)	疏 성글 소	見 볼 견	機 때 기
			틀 기
解 풀 해	組 끈 조	誰 누구 수	逼 핍박할 핍
	짤 조		

【해설】

　두 소씨(疏氏)는 한(漢)나라 때 태부(太傅 : 태자의 큰 스승) 소광(疏廣)
과 그의 조카인 소부(少傅 : 태자의 작은 스승) 소수(疏受)인데, 뒷날의 후
회를 염려하여 물러나야 할 때를 알고서 사직하여서 몸을 보전하였다.
모두 천명(天命)을 다하고 여생(餘生)을 마쳤으니 좋지 않은 낌새를 알아
보고서 떠나간 것이다.

　인수(印綬) 끈을 풀었다는 것은 관직을 사직하는 것이다.

제4장 삶의 여정

삶의 열정(熱情)이 무르익으니 성인(聖人)의 도(道)를 더욱 깊이 생각하여, 자연(自然)의 이치(理致)를 살펴서 마음을 한가롭게 하고, 고요히 순응하고자 한다.

索居閑處 沈默寂廖

색 거 한 처 침 묵 적 요

한가로운 곳에 거처를 찾아서 말없이 아주 고요하게 지낸다.

索 찾을 색 居 살 거　　閑 한가할 한　處 곳 처
노 삭

沈 잠길 침 黙 잠잠할 묵　寂 고요할 적　廖 고요할 요(료)
성 심

【해설】

침묵(沈黙)은 남들과 의논(議論 : 의견을 서로 주고받음)을 오르내리지 않는 것이니 세상사에 관여하지 않는 것이다.

적(寂)이란 소리가 없는 것이고 요(廖)란 텅 비어 모습이 없는 것이니, 적요(寂廖)는 분주하게 남들을 쫓아다니고 찾아다니지 않는 것으로, 고요하고도 고요한 적막(寂寞)과 같은 것이다.

은퇴한 이후 처세의 시작을 제시한다. 지난날의 여러 상황들을 정리하고 여유롭고 한가로운 거처를 정하여, 적요(寂廖)속에서 침묵하면서 내면을 추구하길 바라는 것이다.

다른 해석]

한적한 곳에 외따로 떨어져 사니 말없이 잠잠하여 편안하고 고요하다.
　→ 삭(索)을 '홀로'라고 해석하였다.

한적한 곳에 한가로이 살며 말없이 고요하게 지낸다.
　→ 삭(索)을 '한가하다'라고 해석하였다.

求古尋論 散慮逍遙

구 고 심 론 산 려 소 요

옛 사람의 도(道)를 구하며 지혜로운 말씀을 깊이 생각하고,
[잡된] 생각을 흩어버리고 한가로이 거닐며 노닌다.

求 구할 구　　古 옛 고　　尋 찾을 심　　論 의논할 론(논)

散 흩을 산　　慮 생각 려　　逍 노닐 소　　遙 노닐 요

【해설】

　세속의 집착이 아니라 새롭게 정신적으로 초월하는 삶의 차원 높은 전환을 추구하는 것이다.

　소요(逍遙)는 노닌다는 것으로 한가롭게 유유자적하지만 철학적 의식에서 흐트러지지 않은 것으로, 장자(莊子)의 소요유(逍遙遊)는 사물에 얽매인 현실을 초월하여 대자연의 속에서 자유로이 노니는 것을 뜻한다.

　지둔(支遁, 중국 동진시대의 승려)의 소요론(逍遙論)에서 '소요란 성인의 마음을 밝힌 것이다. 성인은 하늘로부터 받은 올바름을 타고 흥취도 드높게 끝없는 세계로 방랑하며 노니니, 참으로 지극한 만족이 없다면 어떻게 노닐 수 있겠는가?'라고 하였다.

　→ 支遁 逍遙論에 夫逍遙者는 明至人之心也라. 至人乘天正而高興하여
　　遊無窮於放浪하니 苟非知足이면　豈所以逍遙乎이다.

다른 해석]

　옛 사람들이 논의했던 자취를 찾고, 걱정은 털어버리고 마음 가는대로 노닌다.

欣奏累遣 感謝歡招

혼 주 루 견 척 사 환 초

기쁜 일로 나아가고 얽매임을 떠나보내니, 근심은 물러나고 기쁨이 부른다.

欣	기쁠 흔	奏	나아갈 주	累	묶을 루(누)	遣	보낼 견
			모일 주		여러 루		
			아뢸 주				
感	근심할 척	謝	물러날 사	歡	기뻐할 환	招	부를 초
			사례할 사				

【해설】

집착을 버리고 편안하게 즐거운 마음으로 살기를 바라는 것이다.

다른 해석]

기쁜 곳에 나아가고 더러운 일을 보내버리니 근심은 물러나고 기쁨이 온다.

→ 루(累)를 '더럽혀지다.'라고 해석하였다.

기쁜 일은 모여들고 얽매임을 풀어버리니, 근심은 물러나고 기쁨이 부른다.

95 渠荷的歷 園莽抽條

거 하 적 력　원 망 추 조

　도랑의 연꽃은 곱고 선명하고, 동산이 숲 속 가지는 새순을 내민다.

渠 도랑 거	荷 연꽃 하 멜 하	的 고울 적 과녁 적	歷 분명할 력(역) 지날 력
園 동산 원	莽 숲 망 풀 망 우거질 망	抽 뺄 주	條 가지 조

【해설】

　돋아나고 피어나는 계절의 아름다움을 표현한다.

| 96 | 枇杷晚翠　梧桐早凋 |

비 파 만 취　오 동 조 조

비파나무는 늦도록 푸르고, 오동나무 잎은 일찍 시든다.

枇 비파나무 비	杷 비파나무 파	晚 늦을 만	翠 푸를 취
梧 오동나무 오	桐 오동나무 동	早 일찍 조	凋 시들 조
			이를 조

【해설】

　계절의 변화를 표현한다.

　늦게까지 푸르다는 것은 늙은 뒤에 이르러도 절개가 변하지 않는 것에 비유된다.

《 95 + 96 》　渠荷的歷하고　園莽抽條하며　枇杷晚翠하고 梧桐早凋니라

　봄(새순), 여름(연꽃), 가을(오동), 겨울(비파)로써 사계절의 변화와 세월의 흐름이다. 자연의 흐름을 상징적으로 대비하여 인생의 역정(歷程)에 투영해 보는 것이다.

97 陳根委翳 落葉飄颻

진 근 위 예 낙 엽 표 요

묵은 뿌리는 시들어 말라서 죽었고, 나뭇잎은 떨어져 바람에 나부낀다.

陳 묵을 진 베풀 진	根 뿌리 근	委 시들 위 맡길 위	翳 말라죽을 예 깃 일산 예
落 떨어질 락(낙)	葉 잎 엽	飄 나부낄 표	颻 나부낄 요

【해설】

앞의 구절(95 + 96)에서 사계절의 변화를 표현하고, 그 변화하는 시간의 영속성 속에서 시들어 사라져가는 유한한 삶을 돌아본다.

사람의 삶이란 태어나고 자라서 꽃피우고, 늙어 쇠약하여 흩어지는 과정이다.

표요(飄颻)는 바람이 불어서 흩날리는 모양이다.

98 遊鵾獨運 凌摩絳霄

유 곤 독 운 능 마 강 소

　한가로이 노닐던 곤어(鵾魚)가 홀로 옮겨져(鵬새가 되어) 붉은 하늘을 어루만지며 날아서 넘어간다.

遊 놀 유	鵾(鯤) 곤어 곤	獨 홀로 독	運 옮길 운
凌 건널 능	摩 문지를 마	絳 붉을 강	霄 하늘 소
업신여길 능			
능가할 능			

【해설】

　곤어(鯤魚)가 북해에서 노닐다가 변하여 대붕(大鵬)이 되어서 남쪽 하늘로 날아오르는 것은, 일체의 속박을 벗어나서 자유롭고 위대한 세계로 나아감을 상징한다.

　장자(莊子) 소요유(逍遙遊)에서 '곤어(鯤魚)가 탈바꿈하여 붕(鵬)새가 되어 날아갈 때에는 그 날개에 하늘의 구름을 드리운 듯하다.'라고 하였다. (逍遙遊는 구속이 없는 절대의 자유로운 경지에서 노니는 것이다.)

　북녘 바다에 물고기가 있어 그 이름을 곤(鯤)이라고 한다.
　곤은 커서, 몇 천리나 되는지 알 수가 없다.
　이 물고기가 변해서 새가 되면 그 이름을 붕(鵬)이라 한다.

　北冥有魚　其名爲鯤
　鯤之大　不知其幾千里也
　化而爲鳥　其名爲鵬

　운(運)은 '움직이다.'의 뜻이니 움직였다는 것은 변화하여 다른 단계로 나아감이다.
　곤어(鯤魚)가 탈바꿈하여 붕(鵬)새가 되었다는 것으로 절대 자유의 새로

137

운 세상으로 나아간 것이다.

뜬구름을 아래에 깔고 푸른 하늘을 등에 지고 붉은 하늘로 가슴으로
밀고 날아간다.

→ 凌乎浮雲 背負靑天 膺摩赤霄（淮南子 人間訓）

강소(絳霄)는 진한 적색의 하늘이다. 적색은 오방색(五方色)에서 남쪽의
색깔이기 때문에 남쪽 하늘이라고도 풀이한다.

耽讀翫市 寓目囊箱

탐 독 완 시 우 목 낭 상

[한(漢)나라 왕충(王充)은] 글 읽기를 즐겨서 저잣거리의 책방을 매우 좋아했는데, [책을 주의 깊게 자세히 보아서] 눈을 붙이면(책을 한번 훑어보아도) 그대로 주머니와 상자에 넣어두는 것 같았다.

耽 즐길 탐	讀 읽을 독	翫 탐할 완 희롱할 완	市 저자 시
寓 부칠 우 맡길 우	目 눈 목	囊 주머니 낭	箱 상자 상

【해설】

당나라 때 이한(李翰)이 지은 아동용 문자 교육 교재인 몽구(蒙求)에 의하면 후한(後漢) 때 왕충(王充)은 집이 가난하여 책이 없어서 늘 낙양의 저잣거리 책방에 노닐었는데, 파는 책을 훑어서 한번만 보아도 마치 주머니나 상자에 그대로 넣어 두는 것과 같이 외울 수 있었다고 한다.

→ 왕충(王充)은 여러 사상들을 실증적이고 합리적으로 분석한 논형(論衡)을 저술하였다.

시(市)는 일반적인 시장이 아니라 책을 파는 서점(書店)을 말하며, 완시(翫市)는 책을 읽으려고 서점에 가는 것을 매우 좋아했다는 것이고, 우목(寓目)은 주의 깊게 자세히 보는 것이다.

100

易輶攸畏 屬耳垣墻

이 유 유 외 촉 이 원 장

　말을 쉽고 가볍게 하는 것을 두려워할 것이니, 담장에도 귀가 붙어 있음이다.

易 쉬울 이　　輶 가벼울 유　　攸 바 유　　畏 두려울 외

屬 붙일 촉　　耳 귀 이　　　　垣 담 원　　墻 담 장
　이을 촉
　무리 속

【해설】

　군자는 말을 쉽게 해서는 안 되나니 담에도 귀가 붙어 있도다!

　　→ 君子 無易由言이라 耳屬于垣이니라 (詩經 小雅 小旻之什 小弁)

　촉이(屬耳)는 보통 몰래 엿듣는 것을 말한다.

101 具膳飧飯 適口充腸

구 선 손 반 적 구 충 장

반찬으로 갖추어 밥을 먹고 입에 맞추어 배(창자)를 채운다.

具	갖출 구	膳	반찬 선	飧	먹을 손	飯	밥 반
			선물 선		저녁밥 손		
			먹을 선				
適	맞을 적	口	입 구	充	채울 충	腸	창자 장

【해설】

　반찬은 고급스럽거나 별난 맛을 따르는 것이 아니라 밥을 먹는 수단의 반찬으로써 족하니, 단지 입맛에 적당하게 맞추어 굶주리지 않게 할 뿐이다.

　손(飧)은 저녁밥, 반(飯)은 아침밥이고, 충장(充腸)은 배고픔만을 채운다는 것이다.

飽飫烹宰 饑厭糟糠

포 어 팽 재 기 염 조 강

배부르면 삶고 저민 고기도 싫고, 배고프면 술지게미나 쌀겨
라도 만족한다.

飽 배부를 포	飫 물릴 어	烹 삶을 팽	宰 저밀 재 재상 재
饑 주릴 기	厭 마음에 들 염 싫어할 염	糟 지게미 조	糠 겨 강

【해설】

재(宰)는 고기를 얇게 썬(저민) 것이다.

조(糟)는 술을 거르고 남은 찌꺼기이고 강(糠)은 쌀이나 보리를 찧을
때 나오는 속껍질의 가루로 겨라고 하는데, 변변치 못하여 매우 거친 음
식을 들어서 말 할 때에 조강(糟糠)이라고 한다.

親戚故舊 老少異糧

친 척 고 구 노 소 이 량

친척과 옛 친구를 대접할 때에는 늙고 젊음에 따라 음식을
다르게하여야 한다.

親 겨레 친 친할 친	戚 겨레 척	故 옛고 연고 고	舊 친구 구 옛 고
老 늙을 로(노)	少 젊을 소	異 다를 이	糧 먹이 량 양식 량

【해설】

노소(老少)의 차이에 따라 음식의 부드럽고 거친 것을 맞추어서 대접하
여야 한다.

같은 성(姓)의 가까운 일가붙이를 친(親)이라 하며, 혼인으로 일가붙이
가 된 다른 성을 척(戚)이라 하고 촌수(寸數)로 범위를 정하였다.

妾御績紡 侍巾帷房

첩 어 적 방　시 건 유 방

집안의 여자들은 길쌈을 하고, 안방에서 수건 시중을 든다.

妾 첩 첩　　御 모실 어　　績 길쌈할 적　　紡 길쌈 방
　　　　　　거느릴 어

侍 모실 시　　巾 수건 건　　帷 휘장 유　　房 방 방

【해설】

여자들이 내조(內助)하여 살림함을 설명한다.

첩어(妾御)는 집안의 모든 여자를 뜻하는 것이다. 처(妻)와 첩(妾)은 본래 혼인(婚姻)하는 예(禮)의 형식을 갖추고 아내 삼으면 정실(正室)인 처(妻)이고, 예(禮)의 형식이 없이 맞아들였으면 첩(妾)으로 구별하였으나, 여기에서는 길쌈하는 것에 대한 표현으로 처(妻)와 첩(妾) 모두를 말하고, 어(御)는 시중드는 여자를 말한다.(御, 시중들 어)

길쌈은 왕후로부터 하급관리 이하의 아내에 이르기까지 기본적인 직분이었다.

유방(帷房)은 휘장을 친 방이니 부녀자가 거처하는 방으로 규방(閨房)을 말하는데 여기서는 내실(內室)인 안방을 말한다.
수건 시중이라는 것은 내실에서 남편을 돕는 것을 모두 들어서 설명한 것이다.

紈扇圓潔 銀燭煒煌

환 선 원 결 은 촉 위 황

흰 비단 부채는 둥글고 깨끗하며 은빛 촛불은 환하게 빛난다.

紈 흰비단 환   扇 부채 선   圓 둥글 원   潔 깨끗할 결
銀 은 은   燭 촛불 촉   煒 빛날 위   煌 빛날 황

【해설】

고결한 방안의 풍경을 묘사한 것이다.

비단부채와 초를 썼다는 것은 벼슬에서 은퇴(隱退)하고 낙향(落鄕)한 군자(君子)의 고결(高潔)한 인품(人品)과 여유로운 삶의 모습을 상징적으로 보여준다.

은촉(銀燭)을 은(銀)으로 만든 촛대로 보아서 높은 신분으로 고귀한 집안 풍경으로 해석한 경우도 있으나, 자연주의적 삶의 모습들인 앞뒤의 문장과 은촛대는 어울리지 않는다.

위황(煒煌)은 눈부시게 빛나는 것이다.(= 輝煌 휘황)

다른 해석]

흰 비단 부채는 둥글고 깨끗하며 은촛대는 환하게 빛난다.

晝眠夕寐 藍筍象牀
주 면 석 매 람 순 상 상

낮에는 졸기도 하고 밤에는 잠자는 푸른 대나무 침대는 평상 모양이다.

晝 낮 주	眠 잘 면	夕 저녁 석	寐 잘 매
藍 쪽 람(남)	筍 대순 순	象 모양 상	牀 평상 상
		코끼리 상	

【해설】

홍성원(洪聖源)의 주해(註解)에서 상(象)을 상골(象骨)이라 하여 대부분 상아(象牙)로 장식한 평상으로 해석하지만, 자연의 이치(理致)에 순응(順應)하며 소박하고 한적한 모습들의 앞뒤 문장과 상아(象牙)로 장식한 침상은 어울리지 않는다.

象이란 것은 닮은 형상으로 象과 像은 통용되었다. (象 = 像)
→ 象이란 것은 닮은 형상이다 : 象也者는 像也라 (周易 繫辭下 3章)

낮에 조는 것은 한가롭고 여유로운 일상의 상징적인 표현이다.

남순(藍筍)은 쪽빛과 같이 푸른 대쪽을 엮어서 만든 자리를 말하니, 쪽람(藍)은 대 바구니 람(籃)과 통용되었다. (藍 = 籃)

다른 해석]

낮에는 졸고 밤에는 잠자는 푸른 대자리와 상아(象牙)로 장식한 침상이 있다.

107 絃歌酒讌 接杯擧觴
현 가 주 연 접 배 거 상

거문고를 연주하고 노래 부르며 술 마시고 담소하며 술잔을
잡고 들어 올려서 술을 권한다.

絃 줄 현　　歌 노래 가　　酒 술 주　　讌 이야기할 연
　　　　　　　　　　　　　　　　　　 잔치할 연

接 접할 접　　杯 잔 배　　擧 들 거　　觴 잔 상
　 이을 접

【해설】

잔치를 열어서 노래 부르고 술을 권하는 평화로운 모습이다.

접(接)은 잇닿아 있거나 갖는 것이니 술잔을 잡고 있는 것이다.

접배(接杯)는 가까이에서 술잔을 살며시 부딪쳐서 술을 권하는 것이고,
거상(擧觴)은 거리가 있어서 술잔을 눈 높이 까지 들어올리어 술을 권하
는 것이라고도 풀이한다.

矯手頓足 悅豫且康

교 수 돈 족 열 예 차 강

손을 들고 발 다리를 구부려서 춤을 추니 매우 기쁘고 또한
즐겁다.

矯 들교	手 손 수	頓 꺾일 돈	足 발 족
바로잡을 교		조아릴 돈	
悅 기쁠 열	豫 기뻐할 예	且 또 차	康 즐거울 강
	미리 예		편안 강

【해설】

예(禮)가 질서를 위한 것이고 악(樂 음악)은 조화를 위한 것으로서, 악
(樂)은 같게 하는 것이고 예(禮)는 다르게 하는 것이라서, 같으면 서로 친
하고 다르면 서로 공경하는 방식으로 작용한다. 따라서 음악과 춤은 백
성들의 생각이나 행동이 바람직하게 변하게 하는 교화의 필요한 수단이
었다. 백성들이 선(善)하게 교화되어 춤추며 즐거워하는 모습을 나타낸다.

교수(矯手)는 손(팔)을 들어서 춤을 추는 것이고, 돈족(頓足)은 발을 움
직여서(발을 구르며) 춤을 추는 것이다.

→ 矯手는 擧手而舞也요 頓足은 乃動足而舞也라

嫡後嗣續 祭祀蒸嘗

적 후 사 속　제 사 증 상

　맏아들(적장자)로 선조의 대를 잇고 가을(嘗)·겨울(蒸)의 제사를 지낸다.

嫡	맏아들 적	後	뒤 후	嗣	이을 사	續	이을 속
祭	제사 제	祀	제사 사	蒸	겨울제사 증	嘗	가을제사 상

【해설】

　적장자(嫡長子)는 본 부인의 첫째 아들이다.

　적장자(嫡長子)가 선조의 대를 계승하는 것과 제사의 예(禮)를 말한 것으로, 가을과 겨울의 제사만이 아니라 사계절의 모든 제사를 들어서 말한 것이다.

　약(礿), 사(祠) - 봄 제사　　체(禘), 약(禴) - 여름 제사
　상(嘗) - 가을 제사　　　　증(蒸) - 겨울 제사

110	稽顙再拜 悚懼恐惶

계　상　재　배　　송　구　공　황

　제사를 지낼 때에는 이마를 조아리며 두 번 절하며, 송구하고
두려운 마음으로 한다.

稽 조아릴 계　顙 이마 상　　再 두 재　　　拜 절 배
　상고할 계

悚 두려울 송　懼 두려울 구　恐 두려울 공　惶 두려울 황

【해설】
　제사를 지낼 때에는 깊은 정성과 공경의 마음을 다하여야 할 것이다,

111 牋牒簡要 顧答審詳

전 첩 간 요 고 답 심 상

편지는 간단하게 요약하며, 안부를 묻고 답할 때는 자세하게 살펴야 한다.

牋 편지 전 　牒 편지 첩 　簡 간략할 간 　要 요약할 요
　 종이 전 　　　　　　　　　　　　　　　 중요할 요

顧 돌아볼 고 　答 대답 답 　審 살필 심 　詳 자세할 상

【해설】

고(顧)는 안부를 묻는 것이다.

안부(安否)를 물어서 알리는 것을 고(顧)라 하고, 다시 알리는 것을 답(答)이라 한다.

→ 通候曰顧이고 報覆曰答이다.

151

骸垢想浴 執熱願涼

해 구 상 욕   집 열 원 량

몸에 때가 있으면 목욕할 것을 생각하고, 몸이 더워지면(더운 것이 잡혀지면) 서늘해지기를 원한다.

骸 뼈 해	垢 때 구	想 생각할 상	浴 목욕할 욕
執 잡을 집	熱 더울 열	願 바랄 원	凉 서늘할 량

【해설】

대부분 단순하게 순응하여 목욕하고 시원스레 생활하고자 하는 일상의 평온함으로 해석하여 마친다. 그러나 이 문장은 사사로운 욕심(垢)을 씻어내고 번뇌망상(熱)을 떨쳐내어, 선한 본성으로 바르게 되고자 하는 군자(君子)의 소망을 함께 담아낸 중의적(重意的)인 표현이다.

113 驢騾犢特 駭躍超驤

여 라 독 특　해 약 초 양

나귀, 노새와 송아지, 황소가 놀라서 뛰고 뛰어넘어 달린다.

驢 나귀 려(여)　騾 노새 라　犢 송아지 독　特 숫소 특
　　　　　　　　　　　　　　　　　　　　　特別할 특

駭 놀랄 해　躍 뛸 약　超 뛰어넘을 초　驤 뛸 양

【해설】
　목가적인 풍경을 묘사하여 세상이 평화롭고 백성들이 부유하고, 가축들이 번성하여 풍요로운 태평성대(太平聖代)를 바라는 마음을 표현한다.

114	誅斬賊盜　捕獲叛亡

주 참 적 도　포 획 반 망

　사람을 해치고 물건을 훔친 자는 목을 베거나 처벌하고, 배반
하거나 도망한 자는 잡아들인다.

誅	다스릴주 벨 주	斬	벨 참	賊	해칠 적	盜	훔칠 도
捕	잡을 포	獲	잡을 획 얻을 획	叛	배반할 반	亡	도망 망 망할 망

【해설】
　범죄자에 대한 국가의 기강을 확립하는 것으로 도둑질보다 무거운 죄
는 목 베어 처벌하는 것이다.

　주(誅)는 꾸짖거나 처벌하는 것이고 적(賊)은 사람을 해치는 것이며, 포
획(捕獲)은 잡아서 가두어 벌하는 것이다.

제5장 뛰어난 사람들

보통사람들 보다 재주가 뛰어난 사람, 곧은 절개(節槪)를 굳게
지켰던 사람, 매우 아름다웠던 사람들을 소개한다.

布射僚丸 嵇琴阮嘯

포 사 료 환 혜 금 완 소

　여포(呂布)는 활을 잘 쏘았고 웅의료(熊宜僚)는 쇠 구슬을 잘 놀렸으며, 혜강(嵇康)은 거문고를 잘 연주하고 완적(阮籍)은 휘파람을 잘 불었다.

布 베 포	射 쏠 사	僚 동료 료	丸 둥글 환
嵇 산 이름 혜	琴 거문고 금	阮 성씨 완	嘯 휘파람 소

【해설】

　여포(呂布)는 후한(後漢) 말의 장수로 삼국지(三國志)에도 등장하는 제일의 명장이다. 원술(袁術)의 장수 기령(紀靈)이 유비(劉備)와 대치할 때 유비(劉備)의 창끝을 화살로 쏘아 맞히는 것으로 화해시켰다. 정치적 혼란을 틈타 헌제(獻帝)를 끼고서 온갖 폭정을 휘둘러 후한(後漢)의 멸망을 가속화한 동탁(董卓)을 죽였다.

　웅의료(熊宜僚)는 춘추시대 초(楚)나라 혜왕(惠王) 때의 천하장사로 의기(義氣) 또한 남달라서, 당시 세력가인 백공승(白公勝)이 재상인 영윤(令尹)의 살해를 부탁하자 '어진 사람을 죽일 수 없다.'면서 거절하였다. 환(丸)은 공 모양이 달린 무기류로 이것을 다루는 재주가 탁월했다고 한다.

　혜강(嵇康)은 조조가 세운 위(魏)나라의 문인이자 사상가였다. 죽림칠현(竹林七賢) 가운데 한 사람이다. 거문고 연주에 뛰어난 재주를 갖고 있었다고 한다.

　　죽림칠현(竹林七賢)

　　　노장(老莊) 사상으로 세속의 권력과 욕망을 비판하며 죽림(竹林)에 모여서 살았다. 혜강(嵇康)·완적(阮籍)·산도(山濤)·상수(向秀)·유령(劉伶)·완함(阮咸)·왕융(王戎) 등 일곱 명이었다. 혜강(嵇康)

만이 끝까지 저항하다가 처형당하였다.

완적(阮籍)은 혜강(嵇康)과 같은 문인이자 사상가로 죽림칠현(竹林七賢)의 한 사람으로 지나친 예(禮)의 형식을 반대하였는데. 휘파람을 잘 불었다고 한다.

완적(阮籍)이 그의 어머니 장례에서 반갑지 않은 사람은 백안(白眼)으로 응대하고, 반가운 사람은 청안(靑眼)으로 응대한 것에서 백안시(白眼視) 청안시(靑眼視)가 유래한다.

→ 백안시(白眼視)는 업신여기거나 무시하는 태도로 흰 눈동자를 드러내어 흘겨보는 것이며, 청안시(靑眼視)는 호감을 갖고서 밝고 부드러운 눈빛으로 보는 것이다.

恬筆倫紙 釣巧任釣

염 필 윤 지 균 교 임 조

몽염(蒙恬)은 붓을 만들고 채륜(蔡倫)은 종이를 만들었고, 마균 (馬鈞)은 기교가 있어서 여러 가지를 발명하였으며 임공자(任公 子)는 낚시에 뛰어났다.

恬 편안할 념(염)　筆 붓 필　　倫 인륜 륜(윤)　紙 종이 지
釣 서른 근 균　　巧 공교할 교　任 맡길 임　　釣 낚시 조

【해설】

몽염(蒙恬)은 붓을 처음 만들었는데 전국시대 말엽의 진(秦)나라 장수로 육국(六國)을 통일하는데 공을 세웠고, 채륜(蔡倫)은 후한 시대에 종이를 처음 만들었다. 위(魏)나라 발명가인 마균(馬鈞)은 나침반과 저절로 가는 수레인 지남거(指南車)를 만들었으며, 임공자(任公子)는 임(任)나라 공자 (公子)로 낚시대를 만들어 황해 바다에 드리워서 큰 고기를 낚았다. 임공 자(任公子)의 이야기는 장자(莊子 外物篇)에 있다.

釋紛利俗 竝皆佳妙
석 분 이 속 병 개 가 묘

　어지러운 것을 풀어서 세상을 이롭게 하여 아울러 모두 아름답고 오묘하였다.

釋 풀 석　　　紛 어지러울 분　利 이로울 리(이)　俗 풍속 속

竝 아우를 병　皆 다 개　　　佳 아름다울 가　　妙 묘할 묘

【해설】
　엉키거나 혼란스러워 어지러운 것을 풀어서 해결하여 실질적으로 사람들의 생활에 도움이 되었다는 것이다.

　속(俗)은 평범한 사람들이 사는 일반 사회를 말하며, 묘(妙)는 신기하거나 남달리 뛰어나서 헤아릴 수 없다는 것이니, 그 이로운 혜택이 헤아릴 수 없이 많다는 것이다.

《 115 + 116 + 117 》　布射僚丸하고　嵇琴阮嘯하며　恬筆倫紙하고　鈞巧任釣하니　釋紛利俗하여　竝皆佳妙니라

　여덟 사람은 어지러운 것을 풀어서 세상을 이롭게 하여 아울러서 모두 아름답고 오묘하였다.

118 毛施淑姿 工嚬姸笑

모 시 숙 자 공 빈 연 소

　모장(毛嬙)과 서시(西施)는 자태가 아름다워서 찡그림도 우아하고 웃음이 고왔다.

毛 털 모	施 베풀 시	淑 맑을 숙	姿 모양 자 맵시 자
工 공교로울 공 장인 공	嚬 찡그릴 빈	姸 고울 련(연)	笑 웃을 소

【해설】

　모장(毛嬙)은 춘추시대(春秋時代) 월(越)왕 구천(句踐)의 애첩(愛妾)이고, 서시(西施)는 오(吳)나라 부차(夫差)의 애첩으로 미모가 매우 아름다웠던 사람인데, 서시가 아파서 찡그린 모습을 보고 이웃의 추녀(醜女)가 자기도 찡그리면 사람들이 아름답다고 여길까 하여 흉내를 내었다는 효빈(效嚬)과, 그 모습을 보고 사람들이 눈살을 찌푸렸다는 빈축(嚬蹙)이 유래 한다.

　서시(西施)는 전한(前漢) 원제(元帝)때의 왕소군(王昭君), 삼국지(三國志) 여포(呂布)의 초선(貂嬋), 당(唐)나라 현종(玄宗)의 양귀비(楊貴妃)와 함께 중국의 4대 미녀로 꼽힌다.

　공교롭다(工)는 것은 솜씨나 재치 따위가 남다르게 뛰어난 것이다.

제6장 기다림

    쌓여진 시간의 흔적인 역사 속에서 나아갈 길을 묻고서 바르게 실천하며, 어김없이 내일에 무한히 이어지는 시간과 공간 속에서, 자연의 이치에 고요히 순응하며 또 다른 가치를 기다린다.

119 年矢每催 羲暉朗耀

년 시 매 최 희 휘 낭 요

세월은 화살같이 늘 재촉하여 아침 햇빛은 밝게 빛난다.

年 해년	矢 화살시	每 매양매	催 재촉할 최
羲 복희희	暉 빛날휘	朗 밝을 랑(낭)	耀 빛날 요

【해설】

세월은 빠르고 쉼 없이 흘러서 또 다시 새로운 날이 변함없이 밝아 온다.

희(羲)는 희화(羲和)를 가리키며 태양의 여신(女神)이라고도 하고, 중국 신화의 복희(伏羲)라고도 하며, 태양이 떠오르는 동쪽을 주관하는 동방의 신(神)으로 불리기도 한다. 어김없이 다시 떠오르는 아침 해로 풀이한다.

120 璇璣懸斡 晦魄環照

선 기 현 알 회 백 환 조

북두칠성 별자리(璇璣, 선기)는 하늘에 매달려서 돌고 그믐달
은 [다시] 돌아와 비춘다.

璇 별 이름 선   璣 구슬 기   懸 매달 현   斡 돌 알

晦 그믐 회   魄 달 백   環 돌 환   照 비칠 조
　어두울 회   넋 백   고리 환

【해설】

끊임없이 순환하며 반복하는 소멸하지 않는 자연의 이치를 설명한다.

홍성원의 주해(洪聖源 註解)를 비롯하여 거의 대부분은 이 문장을 천문
관측기구로써의 선기옥형(璇璣玉衡, 혼천의와 비슷한 것)이 매달려서 도
는 것으로 해석하는데 주체(主體)의 인식이 잘못되었다고 본다.

변함없이 반복 순환하는 자연의 이치를 실제 북두칠성(北斗七星) 별자
리의 운행으로 설명하고자 한 것이지, 천체의 모형으로 천문관측기구인
선기옥형(璇璣玉衡)에서 찾은 것이 아니다.

현묘(玄妙)한 하늘에 매달려 북극성을 중심으로 도는 북두칠성(北斗七
星) 별자리의 움직임으로, 흐트러지지 않고 순환하는 자연의 이치로써 천
도(天道)의 운행을 표현한 것이다.

선기(璇璣)는 북두칠성의 네 귀퉁이 네 개의 별이고, 옥형(玉衡)은 자루
의 첫 번째 별인데, 이 문장에서 선기(璇璣)는 북두칠성(北斗七星) 별자리
를 지칭한다.

북두칠성은 이른바 선기옥형으로써 칠정(日, 月, 金星, 木星, 水星, 火
星, 土星)을 다스린다. (북두칠성의 움직임으로 관측한다.)

→ 北斗七星 所謂璇璣玉衡 以齊七政 : 사기(史記) 천관서(天官書)

북두칠성(北斗七星)은 국자모양의 머리부터 천추(天樞)·천선(天璇)·천기(天璣)·천권(天權)·옥형(玉衡)·개양(開陽)·요광(搖光)이라고 부르는데, 머리부분의 네 개별을 괴(魁) 또는 선기(璇璣), 자루부분의 세 개의 별을 표(杓)라고 하고 일곱 개의 별 모두는 두(斗)라고 한다.

회(晦)는 그믐(달)을 뜻하고, 백(魄)은 빛을 잃어서 검게 된 것을 말하며, 음력 초하루를 사백(死魄, 哉生明)이라 하고 열엿새를 생백(生魄, 哉生魄)이라고 한다. 여기서 회백(晦魄)이란 빛을 잃어서 검게 된 그믐달이다. 모두 빛을 잃었으니 이것은 또한 다시 빛을 낼 수 있다는 것을 뜻한다.

다른 해석]

선기옥형(璇璣玉衡 천문관측기구)처럼   [천체, 해와 달은] 매달려 돌고 그믐달은 돌아와 비춘다.

선기옥형(璇璣玉衡 천문관측기구)은 매달려서 돌고 어둠과 밝음이 돌아와 비춘다.

指薪修祐 永綏吉邵

지 섭 수 우 　 영 수 길 소

떨나무가 가리키는 것처럼(꺼트리지 않고 불을 피워야하는 것처럼) 복을 닦으면 영원히 편안하고 길함이 높아진다.

指	가리킬 지	薪	섶나무 신	修	닦을 수	祐	복 우
	손가락 지						도울 우
永	길 영	綏	편안할 수	吉	길할 길	邵	높을 소

【해설】

고대에는 불을 꺼트리지 않고 불씨를 전하는 것이 매우 중요하였으니, 섶나무로 불씨를 꺼트리지 않고 전하여야 하듯이 복을 닦는 것을 한 순간이라도 멈추지 않고 닦으면, 영원히 편안하고 길함이 높아진다는 것이다.

선(善)을 쌓아 복을 닦음은 섶나무를 가리켜 비유할 수 있으니, 섶나무는 다하여도 불씨는 전해져 영원히 없어지지 않는 것과 같다. 이와 같다면 영원히 편안할 수 있고 길함은 저절로 높아지는 것이다.

→ 積善修福은 可以指薪爲喩니 如薪盡火傳하여 永不滅也라 如是로 卽永以爲綏而吉祥自邵也라 (洪聖源 註解)

지신(指薪)은 장자 양생주(莊子 養生主)에서 노자(老子)가 죽었을 때, 친구인 진일(秦失)이 조상을 가서 곡을 세 번만 형식적으로 하고 나와 버린 이유를 말했는데, 그것을 땔나무의 존재를 빌어서 죽음으로 그의 존재는 이미 없어졌다는 것을 분별해야 한다는 것이라고, 또는 또 다른 존재로 이어진다는 것이라고 등등 여러 해석이 있는데, 천자문에 인용되어서는, 불씨가 꺼지지 않고 이어져서 전하여 지는 것에 의미를 두고 있지만 이것도 해석이 분분하다.

<莊子 養生主 원문>

指窮於爲薪이나 火傳也는 不知其盡也라

(莊子 養生主 의미)

○ 손가락이 장작 지피는 일을 다 하여 불이 다른 땔나무에 옮겨
   붙으면 그가 없어진 것을 알지 못하네!

→ 죽음으로 그의 존재는 이미 없어졌는데 불씨가 있으니 아직 존
   재한다고 하여 분별하지 못하고 있다.

○ 가리키는 것은 땔나무에서 다 하였으나(땔나무는 다 타버렸으나)
   불이 전하여지는 것은 그 다함을 알 수 없는 것이다. (불은 꺼질
   줄 모른다.)

→ 다른 사람들은 그의 죽음을 슬퍼하지만 그는 불씨로써(양생의 도
   로써) 천리에 순응 할 것이다.

(천자문에 인용된 의미)

○ 손가락이 장작 지피는 일(爲薪)을 다하여도 불은 전하여져 꺼질
   줄을 모른다.

  → 육체(薪)는 없어져도 정신(火)은 후세에 전해진다.

○ 손가락으로 땔나무를 만드는 것에는 한계가 있으나, 불을 널리
   전하는 데에는 그 한계를 알지 못한다.

○ 손가락으로 땔감 대기를 끝까지 하니 불씨는 이어진다. 그 끝은
   알 수 없다.

다른 해석] 매우 난해하여 여러 說이 분분(紛紛)하다.

  손가락으로 섶나무를 밀어 넣어 불씨가 영원하듯, 생명의 영원함을 깨
우쳐 행복을 갈구하면 길이길이 편안하고 길상이 높아진다.

  손가락으로 나무 섶을 지피는 것은 복을 닦는 것과 같으니, 영원히 편
안하고 상서로움이 높아진다.

矩步引領 俯仰廊廟

구 보 인 령 부 앙 낭 묘

걸음을 바르게 하고 옷깃을 여미어 조정(朝廷)과 조상에 대하여 깊이 경외(敬畏)하여 공경한다.

矩 법도구	步 걸음보	引 끌인	領 옷깃 령
모날 구			거느릴 령
俯 구부릴 부	仰 우러를 앙	廊 행랑 랑(낭)	廟 사당 묘

【해설】

언제 어디서나 예의와 절조를 지켜서 바른 용모로 행동해야하는 것을 말한다.

국가(國家)의 권위를 존중하고 조상에 대한 깊은 공경심의 표현으로, 이미 한가롭게 거처하였으니 조화(造化)의 이치에 순응하는 여정이다.

구보(矩步)는 격삭애 맞는 바른 걸음걸이 이고 인령(引領)은 옷깃을 당겨서 여미는 것이다.

부(俯)는 깊이 생각하는 것이고, 앙(仰)은 우러러 경외(敬畏 공경하는 마음으로 두려워하듯이 조심함)하여 감탄하는 것이다.

낭(廊)은 일부 벽면이 트인 건물이 길게 늘어선 행랑(行廊)으로 대궐인 조정(朝廷)을 뜻하며, 묘(廟)는 조상의 정신이 머문 곳이다.

다른 해석]

걸음을 바르게 하고 옷깃을 여미어 조정이나 종묘의 일을 주선(周旋)한다.

→ 부앙(俯仰)을 주선(周旋)으로 보아서 국정이나 제례에 대하여 자문역 할을 한다는 것이다.

束帶矜莊 徘徊瞻眺
속 대 긍 장 배 회 첨 조

띠를 묶어 바르고 위엄 있게 드러나니 이곳저곳을 다닐 때에 [사람들이] 우러러본다.

束 묶을 속	帶 띠 대	矜 자랑 긍	莊 엄할 장
			씩씩할 장
徘 노닐 배	徊 노닐 회	瞻 볼 첨	眺 바라볼 조

【해설】

깊이 생각하고 깨우쳐서 항상 의관을 바르게 하고 자부심과 긍지로 위엄을 갖추게 되었으니, 인품(人品)으로 드러나서 사람들이 우러러 바라보게 된 것이다.

긍지와 단정함이 바탕이 되어 있으면 오고 가는 사이에 사람들이 감동하여 바라보도록 할 수 있으니, 시경(詩經 節南山)에 이르기를 '백성들이 모두 그대를 우러러본다.'는 것이 이것이다.

→ 矜莊有素면 則徘徊之閒에 可以聳動瞻眺니 詩曰 民具爾瞻이 是也라 (洪聖源 註解)

속대(束帶)는 관리들이 입는 의복에 대한 총칭으로 머리에 쓰는 모자인 관면(冠冕)과 허리에 두르는 신대(紳帶 띠))를 모두 뜻하여, 정복(正服)으로 갖추어 입고서 반듯하고 위엄있는 모습을 하고 있는 것이다.

孤陋寡聞 愚蒙等誚

124

고 루 과 문　우 몽 등 초

[이 글은] 학식(學識)이 낮고 견문(見聞)이 적어서 어리석고 어두우니 꾸짖음을 기다린다.

孤 작을 고　　　陋 좁을 루　寡 적을 과　　聞 들을 문
　외로울 고
愚 어리석을 우　蒙 어릴 몽　等 기다릴 등　誚 꾸짖을 초
　　　　　　　　　　　　　무리 등

【해설】

　예기 학기(禮記 學記)의 원문을 인용한 것으로, 학식이 낮고 좁아서 견문이 적게 되면 어리석고 어두운 무리로 꾸짖음을 받는다는 배움의 중요성을 권면(勸勉)하면서, 또한 이 글(千字文)과 지은이의 좁고 낮은 학식과 견문은 어리석어서 꾸짖을 만하다는 겸사(謙辭)로 중의적(重意的)인 표현이다.

(禮記 學記)
대학의 가르침에 잘못이 발하기 전에 막는 것이 예(豫)이고, 마땅한 때에 맞추어 가르치는 것이 시(施)이고, 능력의 정도를 넘어서지 않고 가르치는 것이 손(孫)이고, 학우들 끼리 서로 살피면서 올바른 길로 이끄는 것을 마(摩)라고 한다. 이 네 가지는 가르침이 흥(興, 성공)하는 원인이 되는 것이다.
잘못을 저지른 후 금지하면 저항에 이르러 감당하지 못하고, 시기를 놓친 후에 배우는 것은 부지런히 힘써도 이루기 어렵고, [순서에 어긋나게 과정을 뛰어 넘어] 여러가지를 가르치는 것은 순조롭지 않아서 혼란스러워 배움을 이룰 수 없다. 혼자서 공부하여 바로잡아 주는 벗이 없으면 학식이 낮고 좁아서 견문이 적게 되어(견문이 넓지 못하

다.) 교우관계도 손상되고 스승의 가르침을 거스르게 된다. 잘못된 길로 치우치면 학업이 황폐해지는 것이니 이 여섯 가지는 가르침이 실패하는 원인이다.

(禮記 學記)
大學之法에 禁於未發之謂豫요 當其可之謂時요 不陵節而施之謂孫이요 相觀而善之謂摩라 此四者는 敎之所由興也니라.
發然後禁이면 則扞格而不勝하고 時過然後學하면 則勤苦而難成하고 雜施而不孫이면 則壞亂而不修니라.
獨學而無友면 則孤陋而寡聞하여 燕朋逆其師니라 燕辟廢其學이니 此六者 敎之所由廢也니라.

고루(孤陋)는 학식(學識)이 낮고 좁으면서 융통성이 없는 것이고, 과문(寡聞)은 견문(見聞)으로 듣거나 보거나 하여 깨달아 얻은 지식이 적은 것을 말한다.

등(等)을 대부분은 '무리'로 풀이하지만 '기다리다'로 풀이하여, 이 글을 마무리하는 지은이의 겸사(謙辭)로써, 이 글의 어리석음을 꾸짖을 수 있는 뛰어난 후학(後學)을 기다리는 것에 방점(傍點)을 둔 것이다.

다른 해석]

학식(學識)이 낮고 견문(見聞)이 적으면 어리석고 어두운 무리로 꾸짖음을 받는다.

지은이 자신은 학식(學識)이 낮고 견문(見聞)이 적어서 어리석음을 꾸짖을만한 무리이다.

謂語助者 焉哉乎也

위 어 조 자 언 재 호 야

　[이 글에서] 이른 말은 도움이 되는 것이니, 어찌 어찌 자신의 교훈으로 삼지 않겠는가!

　[이 글에서] 이른 말은 도움이 되는 것이니, 이에 비로소 끝을 맺는다.

謂 이를 위	語 말씀 어	助 도울 조	者 놈 자
焉 어찌 언	哉 시작할 재 어조사 재	乎 어조사 호	也 잇기 야

【해설】

　매우 난해하다.

　의미 있는 해석을 찾기 어렵다. 마지막 네 글자를 짓지 못하여 고심하고 있는데, 홀연히 현인(賢人)이 현몽(現夢)하여 알려 주었다고 까지 한다. 그러나 대부분의 해석에서 어조사(語助辭)를 나열한 것으로 해석하고 있어서 마무리하는 문장(文章)의 풀이로 어울리지 않는다.
　단순히 어조사(語助辭)를 말한 것이 아닐 것이다. 천지(天地) 자연(自然)의 이치와 인간의 역사를 넘나들었는데, 마지막을 어조사로서의 허사(虛辭)만을 나열했을까?
　마지막 장으로써의 의미를 찾아서 새롭게 두 가지로 해석을 하였다.

○ 어찌(焉) [자신에게] 붙이는 것으로(乎也) 시작(哉)하지 않겠는가!
　　→ 어찌 자신의 교훈으로 삼지 않겠는가!

○ 이에(焉) 비로소(哉) 끝을 맺는다.(乎也)

171

언(焉)　어찌, 이에, 어찌 ~ 않겠는가?(反語詞)

재(哉)　시작하다. 비롯하다. 비로소.

호(乎)　~ 에, ~ 에게, ~ 을(= 於).
　　　　의문사(疑問詞) 또는 의문 반어사(疑問 反語詞)
　　　　~ 느냐? ~ 하지 않겠는가?

야(也)　잇대어 붙이다.(잇기 야)　완료를 나타내는 종결사
　　　　의문사(疑問詞), 감탄사(感歎詞), 명령문(命令文) 등의
　　　　종결어미

다른 해석]

어조사(語助辭)라고 일컫는 것은 언재호야(焉哉乎也)이다.

　어조사(語助辭)
　문장의 토씨 또는 허자(虛字), 허사(虛辭)라고 하며 실질적인 뜻이
　없고, 글의 발단·결말·접속하는 때에 글의 어세(語勢, 억양과 높낮
　이) 등을 도와주는 역할을 한다.

이 글은 문장의 어조사라 일컫는 언재호야의 구실 정도는 할 것이다.

《 124 + 125 》　孤陋寡聞하여　愚蒙等誚이나　謂語助者러니
焉哉乎也리오

이 글은 고루하고 배움이 적어서 어리석고 어두워 꾸짖음을 기다리지
만, 이 글에서 이른 말은 도움이 될 것이니 어찌　[자신에게] 붙여서 시
작하지 않겠는가!
(어찌 자신의 교훈으로 삼지 않겠는가!)

《 124 + 125 》　孤陋寡聞하여　愚蒙等誚이나　謂語助者러니
焉哉乎也니라

이 글은 고루하고 배움이 적어서 어리석고 어두워 꾸짖음을 기다리지
만, 이 글에서 이른 말은 도움이 될 것이니 이에 비로소 끝을 맺는다.

다른 해석] 124 + 125

지은이 자신은 학식이 낮고 견문이 적어 어리석음을 꾸짖을만한 무리
이지만, 이 책은 문장의 어조사 정도 역할은 할 것이다.

千字文 (韓石峯體)

한 래 서 왕

寒 来 暑 往

추 수 동 장

秋 收 冬 藏

윤 여 성 세

閏 餘 成 歲

율 려 조 양

律 呂 調 陽

운 등 치 우

雲 騰 致 雨

로 결 위 상

露 結 爲 霜

6

金生麗水

금 생 려 수

玉出崑岡

옥 출 곤 강

7

劒號巨闕

검 호 거 궐

珠稱夜光

주 칭 야 광

8

果珍李柰

과 진 이 내

菜重芥薑

채 중 개 강

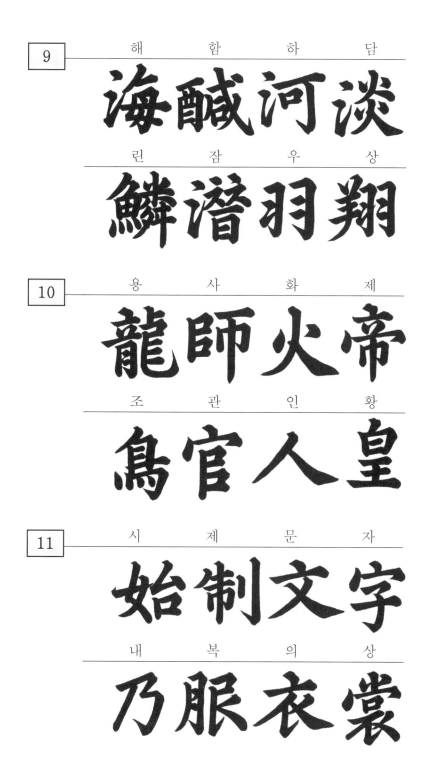

9

해 함 하 담
海 醎 河 淡

린 잠 우 상
鱗 潛 羽 翔

10

용 사 화 제
龍 師 火 帝

조 관 인 황
鳥 官 人 皇

11

시 제 문 자
始 制 文 字

내 복 의 상
乃 服 衣 裳

12	추	위	양	국
	推	位	讓	國
	유	우	도	당
	有	虞	陶	唐

13	조	민	벌	죄
	弔	民	伐	罪
	주	발	은	탕
	周	發	殷	湯

14	좌	조	문	도
	坐	朝	問	道
	수	공	평	장
	垂	拱	平	章

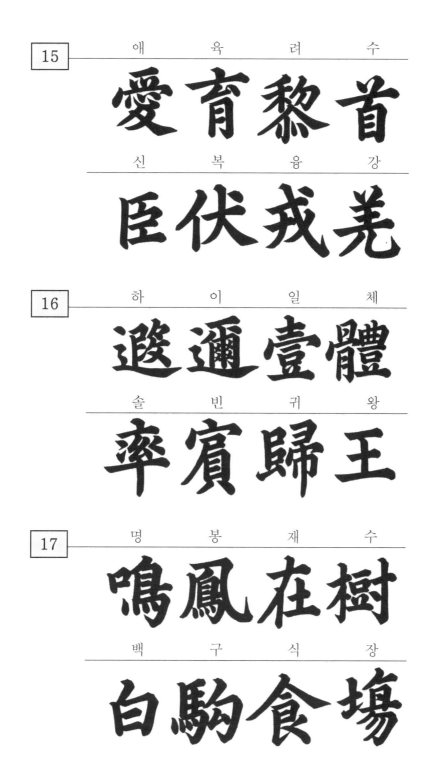

15

애	육	려	수
愛	育	黎	首
臣	伏	戎	羌
신	복	융	강

16

하	이	일	체
遐	邇	壹	體
率	賓	歸	王
솔	빈	귀	왕

17

명	봉	재	수
鳴	鳳	在	樹
白	駒	食	塲
백	구	식	장

179

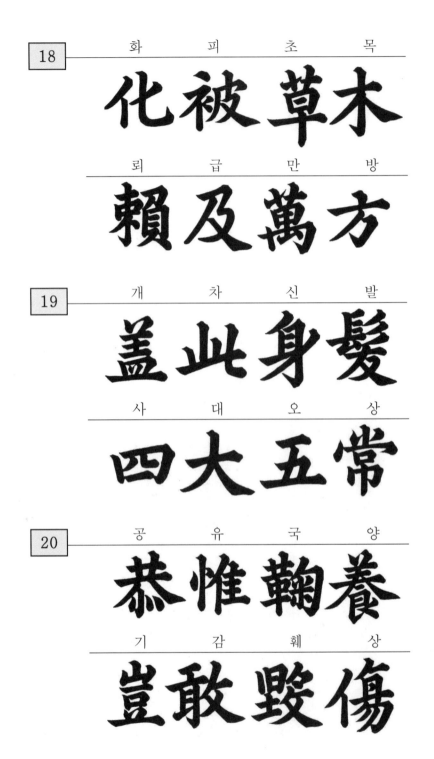

18
화 피 초 목
化 被 草 木
뢰 급 만 방
賴 及 萬 方

19
개 차 신 발
蓋 此 身 髮
사 대 오 상
四 大 五 常

20
공 유 국 양
恭 惟 鞠 養
기 감 훼 상
豈 敢 毁 傷

여 모 정 렬

女慕貞烈

남 효 재 량

男效才良

지 과 필 개

知過必改

득 능 막 망

得能莫忘

망 담 피 단

罔談彼短

미 시 기 장

靡恃己長

신 사 가 복

信 使 可 覆

기 욕 난 량

器 欲 難 量

묵 비 사 염

墨 悲 絲 染

시 찬 고 양

詩 讚 羔 羊

경 행 유 현

景 行 維 賢

극 념 작 성

剋 念 作 聖

27

덕 건 명 립
德 建 名 立

형 단 표 정
形 端 表 正

28

공 곡 전 성
空 谷 傳 聲

허 당 습 청
虛 堂 習 聽

29

화 인 악 적
禍 因 惡 積

복 연 선 경
福 緣 善 慶

척 벽 비 보

尺 璧 非 寶

춘 음 시 경

寸 陰 是 競

자 부 사 군

資 父 事 君

왈 엄 여 경

曰 嚴 與 敬

효 당 갈 력

孝 當 竭 力

충 즉 진 명

忠 則 盡 命

33

임 심 이 박
臨深履薄

숙 흥 온 청
夙興溫凊

34

사 란 사 형
似蘭斯馨

여 송 지 성
如松之盛

35

천 류 불 식
川流不息

연 징 취 영
淵澄取暎

185

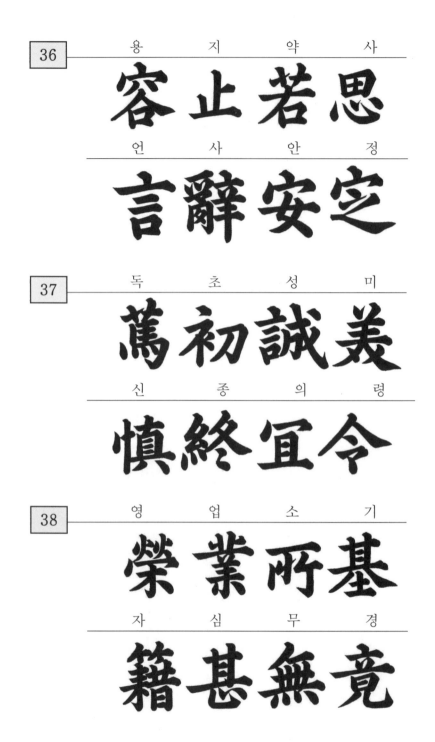

36 | 용 | 지 | 약 | 사
容 止 若 思

언 | 사 | 안 | 정
言 辭 安 定

37 | 독 | 초 | 성 | 미
篤 初 誠 美

신 | 종 | 의 | 령
愼 終 宜 令

38 | 영 | 업 | 소 | 기
榮 業 所 基

자 | 심 | 무 | 경
籍 甚 無 竟

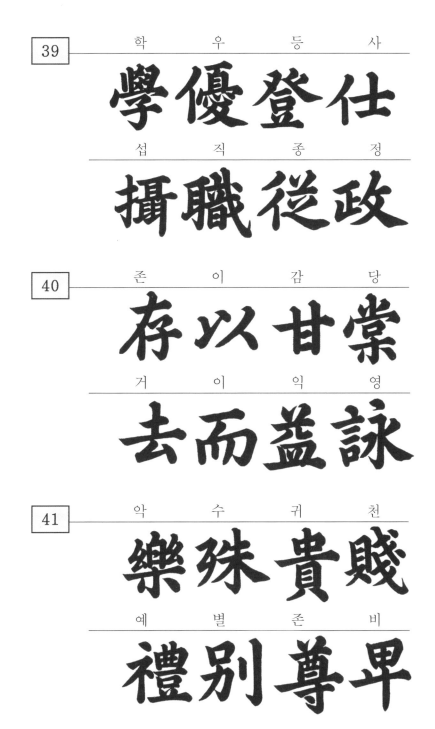

39

학 우 등 사

學優登仕

섭 직 종 정

攝職從政

40

존 이 감 당

存以甘棠

거 이 익 영

去而益詠

41

악 수 귀 천

樂殊貴賤

예 별 존 비

禮別尊卑

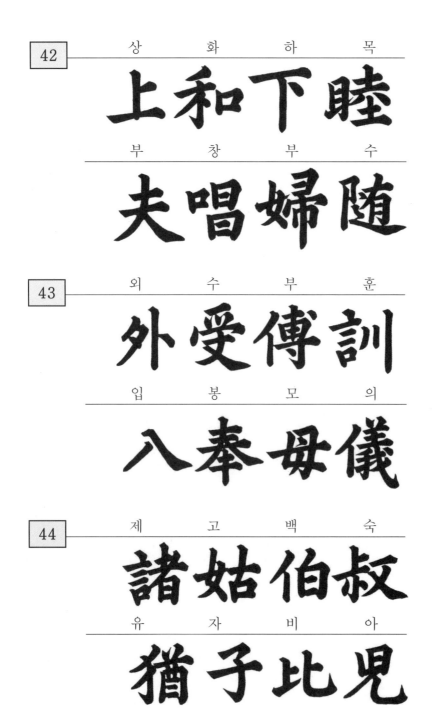

42 上和下睦
상 화 하 목

夫唱婦隨
부 창 부 수

43 外受傅訓
외 수 부 훈

入奉母儀
입 봉 모 의

44 諸姑伯叔
제 고 백 숙

猶子比兒
유 자 비 아

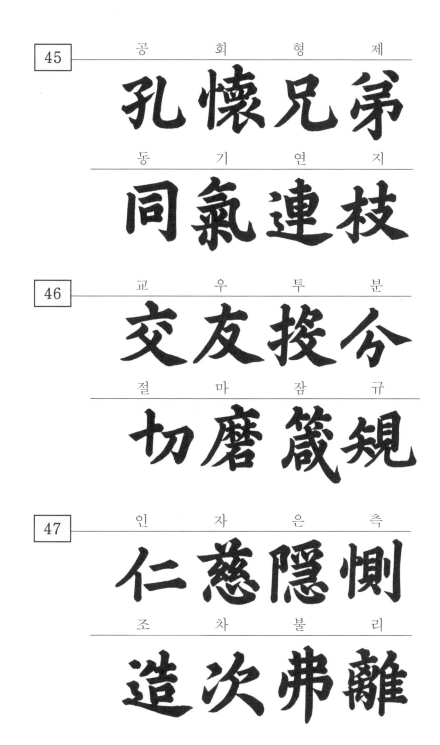

45

공 회 형 제
孔懷兄弟

동 기 연 지
同氣連枝

46

교 우 투 분
交友投分

절 마 잠 규
切磨箴規

47

인 자 은 측
仁慈隱惻

조 차 불 리
造次弗離

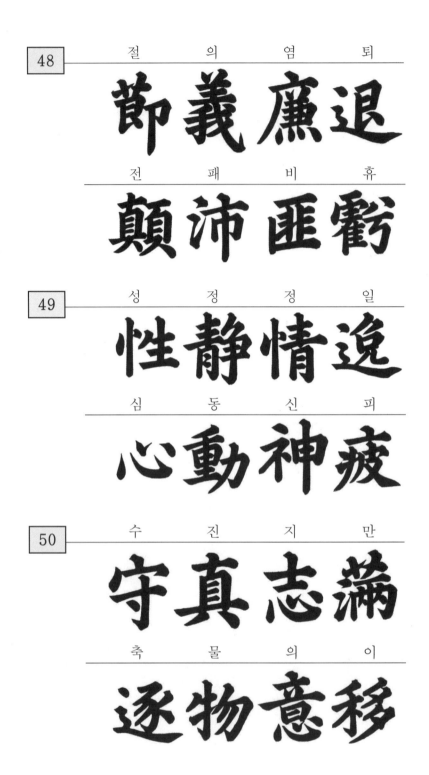

48

절	의	염	퇴
節	義	廉	退

전	패	비	휴
顚	沛	匪	虧

49

성	정	정	일
性	靜	情	逸

심	동	신	피
心	動	神	疲

50

수	진	지	만
守	眞	志	滿

축	물	의	이
逐	物	意	移

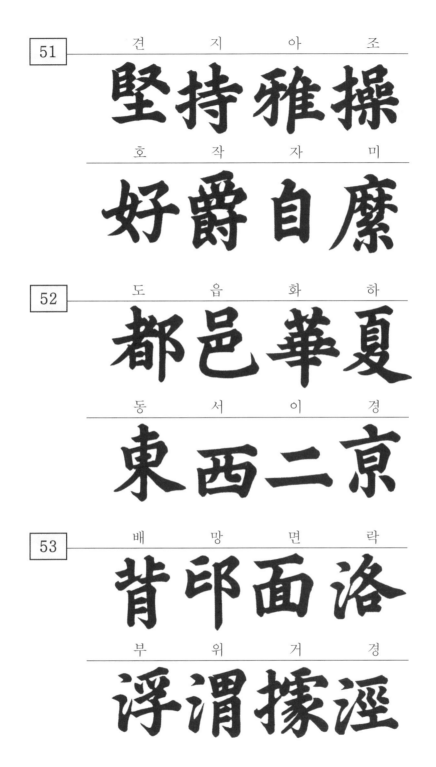

51
견 지 아 조
堅持雅操

호 작 자 미
好爵自縻

52
도 읍 화 하
都邑華夏

동 서 이 경
東西二京

53
배 망 면 락
背邙面洛

부 위 거 경
浮渭據涇

궁 전 반 울

宮 殿 盤 欝

누 관 비 경

樓 觀 飛 驚

도 사 금 수

圖 寫 禽 獸

화 채 선 령

畫 綵 仙 靈

병 사 방 계

丙 舍 傍 啓

갑 장 대 영

甲 帳 對 楹

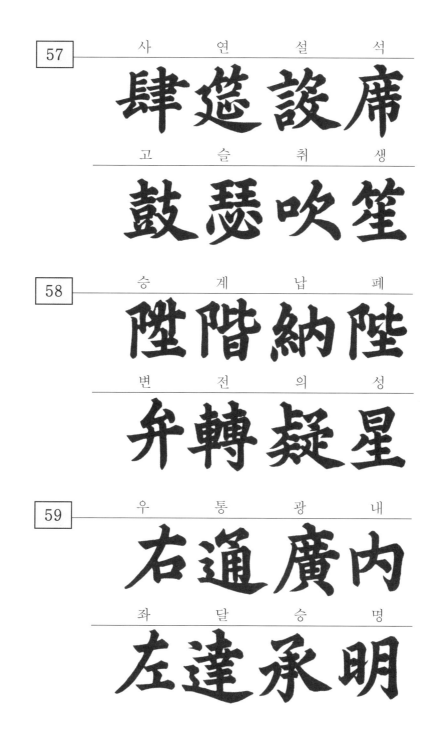

57
사 연 설 석
肆 筵 設 席

고 슬 취 생
鼓 瑟 吹 笙

58
승 계 납 폐
陞 階 納 陛

변 전 의 성
弁 轉 疑 星

59
우 통 광 내
右 通 廣 內

좌 달 승 명
左 達 承 明

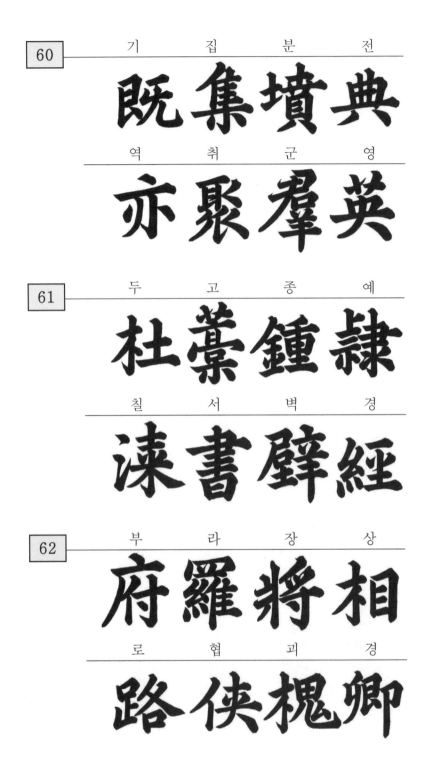

기 집 분 전

旣 集 墳 典

역 취 군 영

亦 聚 羣 英

두 고 종 예

杜 藁 鍾 隷

칠 서 벽 경

漆 書 壁 經

부 라 장 상

府 羅 將 相

로 협 괴 경

路 俠 槐 卿

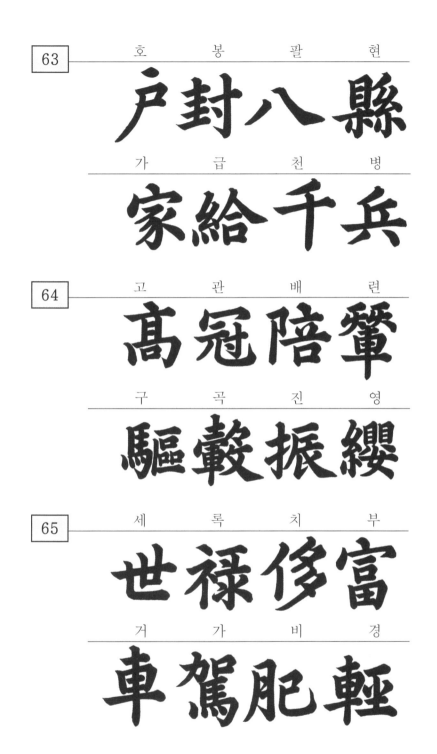

63 　호　봉　팔　현
戸封八縣

　가　급　천　병
家給千兵

64 　고　관　배　련
髙冠陪輦

　구　곡　진　영
驅轂振纓

65 　세　록　치　부
世祿侈富

　거　가　비　경
車駕肥輕

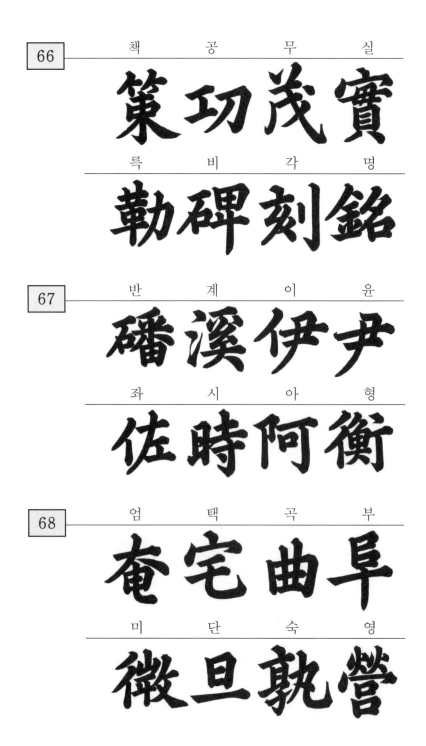

66 　책 공 무 실
策功茂實
　　　륵 비 각 명
勒碑刻銘

67 　반 계 이 윤
磻溪伊尹
　　　좌 시 아 형
佐時阿衡

68 　엄 택 곡 부
奄宅曲阜
　　　미 단 숙 영
微旦孰營

69	환	공	광	합
	桓	公	匡	合

	제	약	부	경
	濟	弱	扶	傾

70	기	회	한	혜
	綺	回	漢	惠

	열	감	무	정
	說	感	武	丁

71	준	예	밀	물
	俊	乂	密	勿

	다	사	식	녕
	多	士	寔	寧

197

진 초 경 패

晉 楚 更 霸

조 위 곤 횡

趙 魏 困 橫

가 도 멸 괵

假 途 滅 虢

천 토 회 맹

踐 土 會 盟

하 준 약 법

何 遵 約 法

한 폐 번 형

韓 弊 煩 刑

기　　전　　파　　목

起　頗　頗　牧

용　　군　　최　　정

用　軍　㝡　精

선　　위　　사　　막

宣　威　沙　漠

치　　예　　단　　청

馳　譽　丹　靑

구　　주　　우　　적

九　州　禹　跡

백　　군　　진　　병

百　郡　秦　幷

악 종 항 대

嶽宗恒岱

선 주 운 정

禪主云亭

안 문 자 새

鴈門紫塞

계 전 적 성

雞田赤城

곤 지 갈 석

昆池碣石

거 야 동 정

鉅野洞庭

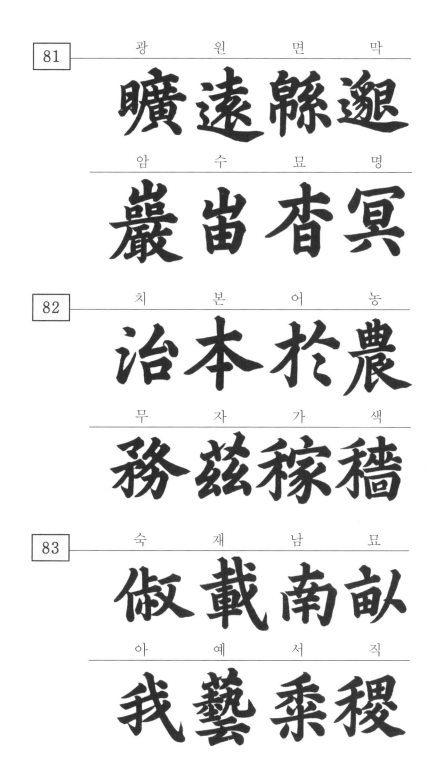

81

광 원 면 막

曠 遠 緜 邈

암 수 묘 명

巖 峀 杳 冥

82

치 본 어 농

治 本 於 農

무 자 가 색

務 玆 稼 穡

83

숙 재 남 묘

俶 載 南 畝

아 예 서 직

我 藝 黍 稷

201

세 숙 공 신

稅 熟 貢 新

권 상 출 척

勸 賞 黜 陟

맹 가 돈 소

孟 軻 敦 素

사 어 병 직

史 魚 秉 直

서 기 중 용

庶 幾 中 庸

노 겸 근 칙

勞 謙 謹 勅

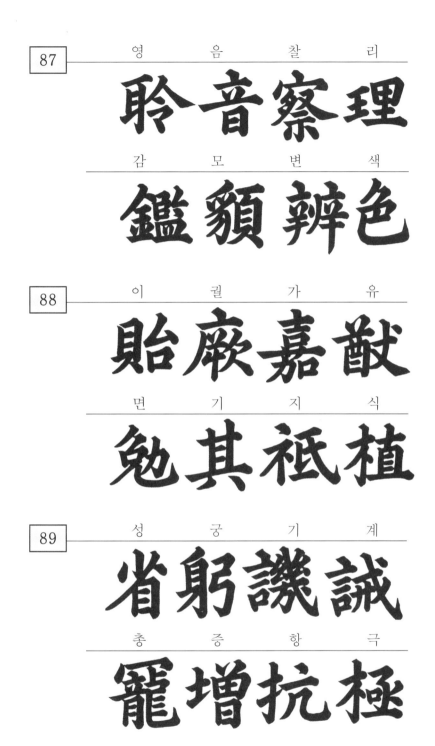

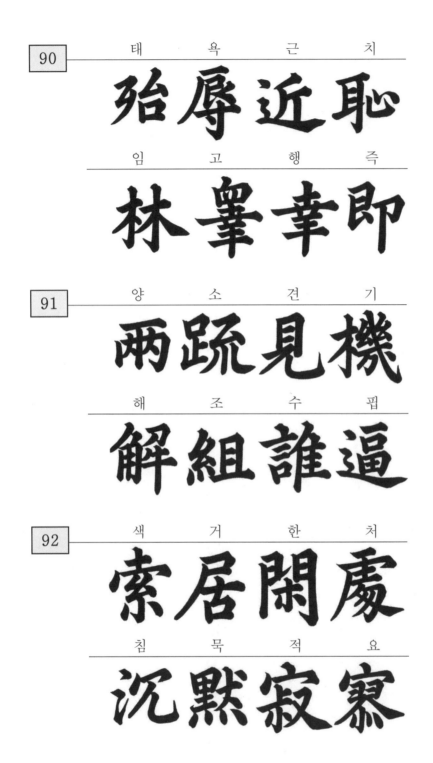

90

태 욕 근 치

殆 辱 近 恥

임 고 행 즉

林 皋 幸 即

91

양 소 견 기

兩 踈 見 機

해 조 수 핍

解 組 誰 逼

92

색 거 한 처

索 居 閑 處

침 묵 적 요

沉 默 寂 寥

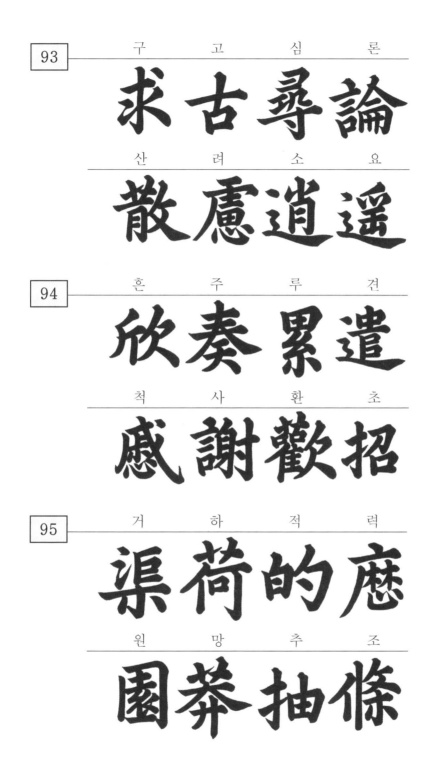

93 구 고 심 론
求 古 尋 論

산 려 소 요
散 慮 逍 遙

94 흔 주 루 견
欣 奏 累 遣

척 사 환 초
慼 謝 歡 招

95 거 하 적 력
渠 荷 的 歷

원 망 추 조
園 莽 抽 條

비 파 만 취

枇 杷 晚 翠

오 동 조 조

梧 桐 早 彫

진 근 위 예

陳 根 委 翳

낙 엽 표 요

落 葉 飄 颻

유 곤 독 운

遊 鵾 獨 運

능 마 강 소

凌 摩 絳 霄

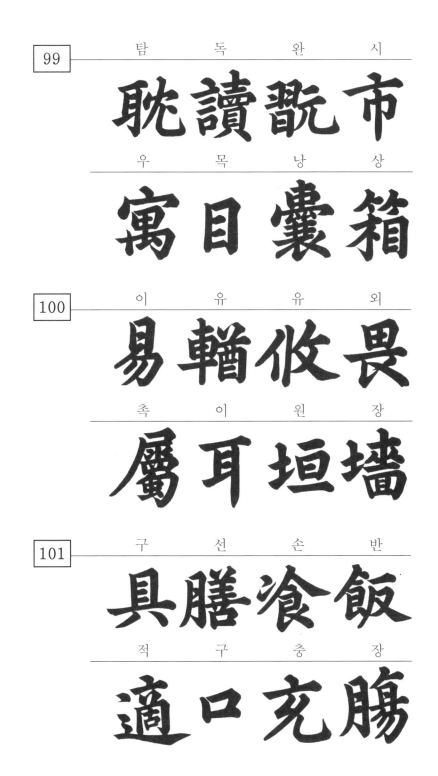

99

탐	독	완	시
耽	讀	翫	市

우	목	낭	상
寓	目	囊	箱

100

이	유	유	외
易	輶	攸	畏

촉	이	원	장
屬	耳	垣	墻

101

구	선	손	반
具	膳	飡	飯

적	구	충	장
適	口	充	腸

포 어 팽 재

飽 飫 烹 宰

기 염 조 강

飢 厭 糟 糠

친 척 고 구

親 戚 故 舊

노 소 이 량

老 少 異 糧

첩 어 적 방

妾 御 績 紡

시 건 유 방

侍 巾 帷 房

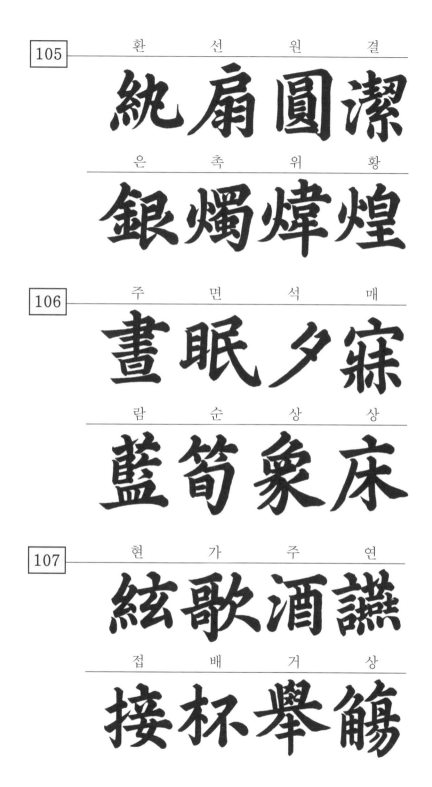

108

교	수	돈	족
矯	手	頓	足

열	예	차	강
悅	豫	且	康

109

적	후	사	속
嫡	後	嗣	續

제	사	증	상
祭	祀	蒸	嘗

110

계	상	재	배
稽	顙	再	拜

송	구	공	황
悚	懼	恐	惶

210

111

전	첩	간	요
牋	牒	簡	要

고	답	심	상
顧	答	審	詳

112

해	구	상	욕
骸	垢	想	浴

집	열	원	량
執	熱	願	凉

113

여	라	독	특
驢	騾	犢	特

해	약	초	양
駭	躍	超	驤

211

주 참 적 도
誅 斬 賊 盜

포 획 반 망
捕 獲 叛 亡

포 사 료 환
布 射 遼 丸

혜 금 완 소
嵇 琴 阮 嘯

염 필 윤 지
恬 筆 倫 紙

균 교 임 조
鈞 巧 任 釣

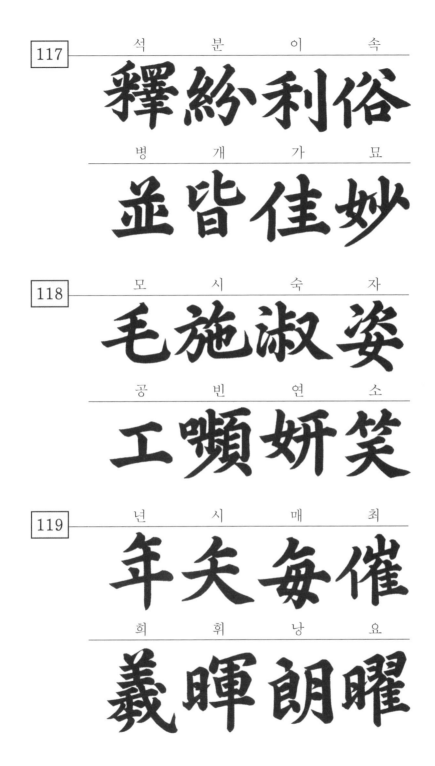

117 석 분 이 속
釋紛利俗

병 개 가 묘
並皆佳妙

118 모 시 숙 자
毛施淑姿

공 빈 연 소
工嚬妍笑

119 년 시 매 최
年矢每催

희 휘 낭 요
羲暉朗曜

120

선	기	현	알
璇	璣	懸	斡

회	백	환	조
晦	魄	環	照

121

지	섭	수	우
指	薪	修	祐

영	수	길	소
永	綏	吉	邵

122

구	보	인	령
矩	步	引	領

부	앙	낭	묘
俯	仰	廊	廟

123

속	대	긍	장
束	帶	矜	莊

배	회	첨	조
徘	佪	瞻	眺

124

고	루	과	문
孤	陋	寡	聞

우	몽	등	초
愚	蒙	等	誚

125

위	어	조	자
謂	語	助	者

언	재	호	야
焉	哉	乎	也

215

정석 천자문

1판 1쇄 발행 2023년 8월 3일
지은이 김진평

편집 윤혜원 **마케팅·지원** 김혜지
펴낸곳 (주)하움출판사 **펴낸이** 문현광

이메일 haum1000@naver.com **홈페이지** haum.kr
블로그 blog.naver.com/haum1000 **인스타** @haum1007

ISBN 979-11-6440-402-5(03710)

좋은 책을 만들겠습니다.
하움출판사는 독자 여러분의 의견에 항상 귀 기울이고 있습니다.
파본은 구입처에서 교환해 드립니다.